52 SEMANAS PARA DESCUB

SIN

MIEDO

A

ENCONTRARME

CAROLINA CARVAJAL

WHITAKER
HOUSE
Español

Editado por: Ofelia Pérez

Sin miedo a encontrarme
52 semanas para descubrir quién eres

ISBN: 978-1-64123-861-8
eBook ISBN: 978-1-64123-862-5
Impreso en los Estados Unidos de América
© 2022 por Carolina Carvajal

Whitaker House
1030 Hunt Valley Circle
New Kensington, PA 15068
www.whitakerhouse.com

Por favor, envíe sugerencias sobre este libro a: comentarios@whitakerhouse.com.

1 2 3 4 5 6 7 8 9 10 11 ⨇ 28 28 27 26 25 24 23 22

CONTENIDO

PREFACIO

¡**H**ola, compañera y compañero de búsqueda! Este libro que tienes en tus manos es un sueño hecho realidad; una muestra personal de que cuando logras encontrarte, haces de tu mundo un mejor lugar para vivir.

Hay momentos en la vida en los que nuestra mente se aferra a tomar el control de nuestras acciones, lo que desencadena un enfrentamiento de fuerzas humanas que nos pone cara a cara con la frustración, una sensación de no poder ser aquello para lo que fuimos creados, y que nos mantiene siendo presos de nuestras almas, en confusión, desánimo, odio, orgullo, miedo y mentira; todo como consecuencia de omitir el aspecto espiritual que implica *la tarea de encontrar la plenitud*.

¿Te has puesto a pensar que, si estuviera solamente en nuestras fuerzas cambiar, ya todos lo hubiéramos logrado? ¿Quién no quiere ser mejor? Es la respuesta a esa pregunta lo que me hace pensar en la necesidad que tenemos de *encontrarnos* con nuestra naturaleza humana, que es en realidad divina.

Con este, mi primer libro, pretendo ayudarte a abrir espacios de reflexión semana tras semana que te conduzcan a descansar en el poder de Dios; darte oportunidades para aprender nuevos conceptos y leyes espirituales no en términos de religión, sino como una brújula que te lleve al lugar donde te perdiste a ti mismo; brindarte un recordatorio personal de quién en realidad eres: *un hijo o una hija de Dios*, y demostrarte cómo el creer esta verdad cambiará tu vida.

La reflexión constante ha sido muy importante para mí. Interiorizar lo que aprendo, siendo responsable y consciente de lo que soy, me ha brindado una base sólida para poder trabajar en los cambios que quiero y necesito hacer en mi vida. Te invito a poner en práctica cada semana de lectura con *MEDITA*, así como a *EJERCITAR TU MÚSCULO ESPIRITUAL* con un poco de estudio de la Palabra de Dios.

Con poner en práctica lo leído en este libro busco animarte a tomar un tiempo de reflexión para ti, uno tan consciente que lo pongas por escrito. Aquel lugar donde nadie te ve y donde no hay espacio para el juicio serán estas páginas, donde dibujarás con palabras tus emociones, miedos, alegrías, derrotas, luchas y victorias. Conseguirás elaborar un álbum escrito que comenzarás hoy para encontrarte y conocerte, pero que mañana usarás para no perderte al olvidar lo aprendido. Con el paso de los años, por qué no, quizá tendrás un diario como legado de aquello que luchaste y saliste en victoria. De lo que fuiste y hoy eres en Dios.

Si ahora mismo te encuentras en un lugar de apatía espiritual, de dolor, sin esperanza, sin fe, te dejo estas lecturas para que puedas encontrar refugio, consuelo, sanidad y guía. Que crezca en ti el anhelo por practicar un ejercicio constante de fortalecimiento espiritual.

Si de una u otra manera tu músculo espiritual se mantiene en forma, pero has tenido que enfrentar pruebas de fe, regresa a estas páginas la semana que sea para encontrar empatía con una amiga y el consejo de *un Buen Padre*; para continuar en el camino sin abandonarte en el desánimo y la confusión que solo conducen al enfriamiento espiritual.

Si en tu vida todo marcha sobre ruedas, mientras escribes tus experiencias después de las mías convierte este libro en un testimonio de milagros que sirva de alimento para tu fe y la de tus generaciones que lo lean, como un recordatorio de lo que Dios hizo contigo, enseñándoles cómo Dios lo hace, y sean así impregnados de fe para que Él siga haciendo su obra.

Durante todo un año te acompañaré en tu camino de fortalecimiento espiritual, apoyándonos en la lectura de la Biblia y comprobando juntos su eficacia, veracidad y relevancia para una vida plena. Será como una conversación entre amigos. Te abro mi corazón para animarte a abrir tu vida.

Pongamos entonces manos a la obra, desconéctate del mundo material por al menos una hora a la semana para leer, conectarte contigo mismo, y luego el tiempo necesario para escribir tu parte semanal que falta en este libro. Con las actividades que te propongo durante cada semana harás crecer *tu músculo espiritual*.

Empieza a creer; cree de nuevo y sigue creyendo, pero, ante todo, descansa en **el poder de vivir confiado.**

—Carolina Carvajal

INTRODUCCIÓN

Durante muchos años el principal obstáculo en mi vida fue el miedo. Le di tal protagonismo que limitó mis días hasta reducirlos a una experiencia sumamente desgastante. Ese mismo desgaste me orilló a entender que el miedo en realidad es una mentira, una mentira que nos convierte en esclavos de algo, ya sea por lo que hemos vivido en el pasado o por la incertidumbre y el desconocimiento del futuro.

El miedo a encontrarnos nos roba la oportunidad de descubrir y disfrutar de eso que verdaderamente somos. Nos hace crear versiones de nosotros mismos que nos alejan del diseño original. Creo que encontrarnos es justamente la fórmula para combatir el miedo.

Empecé a escribir este libro el día que perdí una batalla de la fe. Sabía que mi mente me jugaría sucio e intentaría hacerme olvidar quién realmente era. No quería que la mentira del miedo me invadiera una vez más, necesitaba encontrar un motivo para seguir, diseñar un recordatorio que no permitiría que mi alma olvidara. Anhelaba tener conmigo un testigo vivo y permanente de quién soy yo.

Sé que, a lo largo de la vida, todos ganaremos y perderemos batallas y también sé que necesitaremos un puerto seguro al cual recurrir, es por esto que creo que este libro también es para ti.

Durante esta experiencia de 52 semanas, te invito a dejar a un lado cada concepto religioso que tengas que pueda estorbarte para conectar con Dios y conocerlo como un Padre, una experiencia sobrenatural que me ha ayudado a encontrarme y a quitarle al dolor y al sufrimiento el derecho que al parecer tenían tener para destruirme. Por el contrario, esa paternidad me ha animado a seguir adelante y usar cada experiencia para cumplir un propósito.

Para perder el miedo a encontrarme me fue necesario conectar con el mundo real a través de la fe. En este libro comparto contigo esta manera poderosa de hacerlo explorando el origen: la Biblia. Comprobemos juntos que la Palabra de Dios es VERDAD, es apoyo, es refugio y puede transformar nuestras sombras en la más clara realidad.

Escribe un semanario que será testigo de tu fascinante, retador e inspirador camino de la fe.

EL MUNDO DE LA FE

*Ahora bien, la fe es la garantía de lo que se espera,
la certeza de lo que no se ve.*
—Hebreos 11:1

Es incomprensible el camino de la fe.

¿Qué es la fe? La palabra *fe* se deriva del término latino *fides*, que hace referencia a aquello en lo que cree una persona o una comunidad. También resalta la certeza y el concepto positivo que se tiene de un individuo o de alguna cosa.

Lo que creemos tiene mucho que ver con lo que hemos vivido. Aquello que aprendemos se queda en primera instancia en el plano mental, pero no penetra en las convicciones. Así que son las vivencias las que juegan un papel fundamental en el desarrollo de un concepto personal de fe.

Cada uno de nosotros ha experimentado la divinidad de diferentes formas; aun la ciencia ha llegado a afirmar la existencia de un ser superior que prima e influye en el mundo terrenal. Entonces, si unimos vivencia y ciencia podemos llegar a la siguiente afirmación: Dios existe.

A pesar de las situaciones difíciles por las que pasamos, Dios existe. Ante la decadencia de la verdad, Dios existe. Sea cual fuere la realidad familiar, social o sentimental que hayamos vivido, Dios existe. Si aun tu padre natural no ha sido lo que debiese ser y necesitabas, Dios existe y es Padre, un Padre bueno que nos ama de forma incondicional; una guía confiable para cada uno de sus hijos.

Ahora, ¿cómo creer en alguien a quien no veo, ni conozco?

Dios sabía que tú y yo nos haríamos esas preguntas, así que vayamos en busca de algunas respuestas.

¿Estás en un lugar abierto o cerca de una ventana? ¿Puedes sentir el aire? Estoy segura de que sí. Es tan real que hasta puede mover tu cabello; pero ¿lo ves? No; solo lo sentimos.

Así es Dios. Su presencia se comprueba por aquello que se mueve en nuestra vida diaria cuando lo tenemos cerca. Su intervención y el toque de sus manos está al alcance de todos, y existe una manera de activar su presencia y sus bondades sobrenaturales en nuestras vidas: a través de la fe.

Seguro has notado que comúnmente se piensa que Dios y fe son conceptos asociados a la Iglesia, que son ideas que se quedan cada domingo entre las cuatro paredes que algunos visitamos durante poco más de una hora, y que saliendo de allí pareciera que no tienen relevancia. O que son palabras que vemos en algún bonito mensaje en las redes sociales, pero que pasando la imagen se van y solo queda la vida real.

Si piensas así, te preguntas: ¿cómo traslado esa concepción de Dios y fe distorsionada que a veces tengo hacia una fe que mueva montañas y que me haga creer que Dios me ama incondicionalmente? ¿Cómo hacerlo cuando venimos de hogares con graves heridas físicas y emocionales, espiritualmente destruidos, y donde se ha roto nuestra fe tantas veces?

Ante esto, podríamos cuestionarnos para qué conocer a ese Dios bueno, si cuando hemos pasado años de sequía finalmente salimos de allí sin haber buscado su ayuda, y enfrentamos solos la vida sin manual, sin guía, y aun así ¡hemos sobrevivido!

Sí, lo sé, somos sobrevivientes... Pero en la mayoría de los casos cada batalla solos nos ha dejado una sensación de vacío que no se llena con las personas ni con el éxito; tocando fondo una y otra vez cuando una situación nos sobrepasa y no tenemos el poder de solucionarla. ¿Acaso se trata de eso la vida, de sobrevivir?

Amigo o amiga sobreviviente, te invito hoy a darle un vistazo al manual de la fe, la Biblia, para que conozcas profundamente al Creador y sepas de una vez por todas que puedes darle el control de tu vida; ese que una vez otorgaste a alguna parte de su creación.

Te invito a que caminemos juntos por este que es el mundo de la fe.

CONOCER LA VERDAD Y MANTENERNOS FIRMES EN LO QUE CREEMOS DETERMINARÁ AQUELLO QUE MÁS ADELANTE SEREMOS.

MEDITA

Hacernos preguntas es la forma más sincera de aprender. Si Dios estuviera frente a ti, ¿qué preguntas le harías sobre la fe?

_____

_____

_____

EJERCITA TU MÚSCULO ESPIRITUAL

Durante esta semana te invito a que reflexiones en estos versículos que hablan sobre la fe.

LUNES

Salmos 37:3-5

MARTES

Juan 11:40

MIÉRCOLES

Hebreos 11:6

JUEVES

Romanos 10:17

VIERNES

Santiago 2:17

SÁBADO

Mateo 17:20

DOMINGO

2 Corintios 5:7

EL PACTO

Vienen días -dice el Señor- en que haré un nuevo pacto con la
casa de Israel y con la casa de Judá.
—Hebreos 8:8

Cuando necesito llenarme de esperanza o impregnar a los míos con un ambiente de confianza, leo o cuento anécdotas de fe, esto me hace recordar el poder de Dios y la fragilidad del hombre, así como la fuerza de su amor y la grandeza de su intervención en cada situación de nuestras vidas. Estas experiencias son el resultado de vivir dentro de un pacto.

Un *pacto* (del latín *pactum*) es un convenio o tratado solemne, escrito y condicional entre dos o más partes, en el que se obliga a cumplir a cada una de ellas uno o varios preceptos establecidos en dicho contrato formal.

Un claro ejemplo de pacto es el matrimonio, en donde dos personas contraen una serie de derechos y responsabilidades voluntarios y legales, y cuyo futuro depende de la conciencia y empeño con el que cada uno se disponga a cumplirlos. Dios es un Dios de pactos; y estar bajo el pacto de Dios nos proporciona beneficios espirituales, sumados a la increíble ventaja de que una de las partes es absolutamente incorruptible, ¡esa parte es Dios!

Dios no es un simple mortal para mentir y cambiar de pare-
cer. ¿Acaso no cumple lo que promete ni lleva a cabo lo que
dice? (Números 23:19)

La carta a los Hebreos en el Nuevo Testamento habla mucho acerca del pacto de nuestro Creador con cada uno de nosotros. Allí aprendemos sobre nuestro verdadero convenio con Él, nuestra herencia. Leer esta carta es casi como leer un testamento, porque detalla aquello que nos corresponde como herencia espiritual al estar dentro de un pacto con Dios. Su contenido debería grabarse en nuestra mente y estar escrito en nuestro corazón, para así poder echar mano de este patrimonio espiritual en cada momento de prueba en nuestra vida. Te comparto algunas líneas escritas en el testamento de Dios para nosotros.

Haré un nuevo pacto.
Pondré mis leyes en su mente y las escribiré en su corazón.
Yo seré su Dios, y ellos serán mi pueblo.
Todos, desde el más pequeño hasta el más grande me conocerán.
Les perdonaré sus iniquidades.
Nunca más me acordaré de sus pecados.

¡NUESTRO PADRE NO MURIÓ INTESTADO!

MEDITA

Es hermoso saber que tenemos un pacto con Dios donde Él nunca fallará.

Si hoy pudieras redactar un pacto contigo mismo, ¿a qué te comprometerías? ¿Qué beneficios ganarías al cumplirlo?

PACTO:

_____

_____

_____

COMPROMISOS:

_____

_____

_____

BENEFICIOS:

_____

_____

Una vez establecido, ¿te atreverías a fallarte a ti mismo?

EJERCITA TU MÚSCULO ESPIRITUAL

Esta semana te invito a que leas en el libro de Deuteronomio el capítulo 6, medita sobre aquellas cosas que Dios hizo con el pueblo de Israel, y recuerda que hoy ese pueblo somos tú y yo. Te dejo estas preguntas como reflexión.

LUNES

¿Cuál es esa esclavitud en la que has vivido? _____

_____

MARTES

¿De dónde necesitas que Dios te saque con fuerza? _____

_____

MIÉRCOLES

¿Qué señales has visto que Dios ha hecho para tratar de liberarte? _____

_____

JUEVES

¿Cuál es esa "tierra" o circunstancia a la que te gustaría que Dios te llevara después de ser libre? _____

_____

VIERNES

¿Qué cosas o actitudes en tu vida crees que te están robando tus bendiciones? _____

_____

SÁBADO

¿Estás haciendo tu parte del pacto? _____

_____

DOMINGO

¿Confías en Dios para que Él te guíe en un nuevo pacto? _____

_____

SEMANA TRES

UN CORAZÓN NUEVO

Les daré un nuevo corazón, y les infundiré un espíritu nuevo;
les quitaré ese corazón de piedra que ahora tienen,
y les pondré un corazón de carne.
—Ezequiel 36:26

Hace un tiempo vi una película en donde la protagonista sufría un ataque al corazón debido a un daño cardiovascular grave, por lo que requería un delicado trasplante. Después de muchos meses de espera por un donante, con un estado de salud deplorable, de repente recibe una alerta con la noticia de que había llegado un nuevo corazón compatible. Tenía frente a ella la oportunidad que le daría una expectativa de vida de un 80 por ciento. Aquella minuciosa operación repercutió favorablemente en su forma de ser, amar y actuar durante esa nueva vida que le había sido trasplantada.

¿Has sentido en algún momento de tu vida que necesitas "un nuevo corazón", un trasplante de vida que te permita empezar de nuevo? Eso sería definitivamente un gran regalo de lo alto.

¿Sabes? Una vez yo tuve el corazón vacío. Pero Dios me trasplantó un corazón nuevo, uno sano, lleno de amor, con el que puedo hoy caminar en intimidad con Él y tener una expectativa de vida más alta de la que estaba viviendo. Es uno de los milagros más grandes que Dios ha hecho en mi vida.

Esta es mi historia.

Cuando tenía tres meses de embarazo de mi primer hijo, ya vivía en la Ciudad de México. Ser madre soltera a los 22 años, en un país extranjero y lejos de mi familia, no era el mejor escenario —solo Dios sabe cómo me sentía por dentro. Un día, me encontré en un *casting* a una gran amiga de mi adolescencia, María, a quien no había visto desde hacía muchos años. Ella, sin mayores rodeos ni explicaciones, me invitó a una reunión que tendría el domingo siguiente. "Te va a gustar", me animó. Y entonces fui. Al llegar, me di cuenta de que no se trataba de una reunión clásica de amigos, como a las que yo acostumbraba a asistir; pero aquella fue la primera y más hermosa experiencia espiritual que pude tener.

En aquel lugar dieron una charla acerca del perdón y el amor de Dios. Aún puedo escuchar claramente esas sencillas palabras que me alertaban que mi viejo corazón agonizaba por no sentir que mi vida le importara a alguien. Pero sí le importaba a Jesús. Escuché repetidas veces que aquel Jesús me amaba tal y como yo era en ese momento; que su amor no pedía nada a cambio y que Él me aceptaba sin reprochar mi pasado. Aquel día, supe que Jesús, el Hijo de Dios, quería ser mi amigo. Y así, sin mayor entendimiento o cuestionamiento racional y sin trucos emocionales, llegó a mi corazón una firme convicción de que Él, Jesús, es "el camino, la verdad y la vida". Entonces pude reconocer el sacrificio que hizo en la cruz por mí. ¿Sabes? Jesús murió por ti y por mí para librarnos de la condenación, de la maldad de nuestros pecados y salvarnos de una eternidad sin su luz.

Así fue como empezó mi más importante milagro espiritual. Le dije a Jesús que quería su bendición, protección y guía. Recibí el regalo de su gracia, y desde aquel momento sé que cuento con su favor totalmente inmerecido. Hoy puedo testificar que a partir de ese momento mi vida cambió. Él me estaba buscando para trasplantarme un corazón nuevo. Sin duda, es un milagro que, teniendo juventud y fama, ante un mundo lleno de tentaciones y de felicidad momentánea, hubiera podido abrir los ojos espirituales para ver a un Dios vivo. Los milagros ¡sí existen!

Quizá ahorita esté sonando esa alarma interior que te dice que necesitas un corazón nuevo, una restauración o un trasplante, pues tu expectativa de vida muestra daños emocionales que parecen no poder sanar. Tal vez estás pasando por un momento de rebeldía, de enojo, una tristeza que te está carcomiendo los huesos, o simplemente una apatía que te hace sentir que no tiene sentido vivir. Ese es el momento en el que tu alarma está sonando y Dios tiene listo un nuevo corazón, uno que vuelva a latir con ritmo y que sonría, uno que no tenga taquicardia por los temores, y que cuando se exalte sea solo por alegría, que se mantenga estable gozando de paz y que, a pesar de estar en un cuerpo imperfecto, sepa sobrevivir con calma y apasionarse una y otra vez sin importar los fracasos.

**UN CORAZÓN SANO EMANA DE
UN ESPÍRITU RENOVADO.**

MEDITA

Si este es tu caso, recuerda que no hay peor petición que la que no se hace. Escríbele una carta a Jesús con tus propias palabras y dile que necesitas un nuevo corazón. Él es tan amoroso que incluso le puedes describir cómo te gustaría que fuera esa nueva parte de ti. ¡Cuéntale tu historia!, a Él le interesa saber cómo te sientes. No temas ser tú, no habrá reproches ni señalamientos; créeme, esa es la cualidad que más me gusta de mi nuevo amigo Jesús.

TE AYUDO UN POCO:

Hola, Jesús...

_____

_____

_____

_____

Te quiero contar un poco de mi historia...

_____

_____

_____

_____

Me siento...

_____

_____

_____

_____

Necesito un nuevo corazón, uno que...

_____

_____

_____

_____

EJERCITA TU MÚSCULO ESPIRITUAL

Te invito a que leas Salmos 147:3 y compruebes que Dios es tu mejor cardiólogo emocional y espiritual. Durante esta semana podrías pensar en al menos tres personas a las que te gustaría invitar a tener un "trasplante espiritual" con el médico de médicos, Jesús. Escribe su nombre y el diagnóstico aparente que crees que los hace parte de esta lista. Tal vez podrías empezar por elevar una pequeña oración por sus vidas.

1._____

2. _____

3. _____

LA GRACIA

Porque por gracia hemos sido salvos por medio de la fe.
—Efesios 2:8

Esta semana conoceremos más acerca de nuestra herencia espiritual, y para ello tenemos que hablar necesariamente de la gracia de Dios, es decir, su favor inmerecido.

Es importante entender el significado de *gracia*, ya que a diario recibimos muchos de sus grandes beneficios, pero sin activar todavía la totalidad de su poder.

La Biblia enseña que obtenemos la gracia en el momento que recibimos a Jesús como nuestro Señor y Salvador. Nos dice que es un regalo, uno que no está sujeto a ganarse ni a merecerse; Dios nos lo da por el simple hecho de creer, y también nos dice que cuando confesamos con nuestra boca y creemos con el corazón que Él murió y resucitó por nosotros, obtenemos *salvación*. Así que con una simple declaración voluntaria aceptamos la gracia de Dios, y al creer en la obra de su Hijo Jesucristo tenemos su total aceptación, el reflejo de su santidad, y un favor especial de parte de Dios, uno como el que tienen aquellos que pensamos "nacieron con estrella". ¡Eso es gracia!

Tal vez te preguntes: *Ok, si creyendo en Dios y en su hijo Jesús soy un hijo salvo, santo, libre, justo, aceptado, y tengo un favor especial, entonces ¿por qué no estoy viviendo como ese hijo agraciado que soy? ¿Por qué sigo fallando una y otra vez convirtiéndome en esclavo de mis debilidades?* Creo que el siguiente ejemplo podría ayudarnos a encontrar algunas respuestas:

Esto fue algo que vi en un programa de televisión. En aquel show, el conductor presentaba a un grupo de personas que estaban siendo hipnotizadas, y a quienes bajo dicho efecto se les ordenaba tomar diferentes personalidades. A uno de ellos se le ordenó que fuera un gato;

inmediatamente su mente obedeció y creyó esa "verdad" haciéndola suya, adoptando los movimientos y sonidos de ese animal, y ahí, delante de todos gateaba como gato, maullaba como un gato y comía como gato.

Del mismo modo, muchos creyentes nos dejamos hipnotizar constantemente al creer mentiras sobre nuestra identidad, y como en aquel programa de los hipnotizados, por momentos actuamos como aquello que se nos ha tachado y creemos ser, y no como eso que Dios dice que por medio de la fe somos: hijos santos, libres, valiosos, aceptados, llenos de favor y amados, sobre todo amados.

El mal siempre miente, engaña y muchas veces nos hace pensar que seguimos siendo viles pecadores condenados a ser esclavos viviendo sin un favor especial, y constantemente obedecemos esa engañosa voz. Por esto, cuando tú y yo fallemos, no nos dejemos engañar. ¡Callemos esas voces! Proclamemos la voz de aceptación de nuestro Dios. Solo el creer su verdad nos hará regresar a ella. Este es el regalo de la gracia.

NO ERES DUEÑO DEL MUNDO, PERO SÍ ERES HIJO DEL DUEÑO.

MEDITA

El justo (el que ha recibido a Jesús) por la fe (de acuerdo con lo que cree) Vivirá. Esto lo dice Romanos 1:17.

¿Vives como si creyeras realmente la posición que tienes siendo un hijo de Dios? O en el fondo, ¿sigues creyendo que eres eso que tu pasado te señala?

¿Has recibido el hermoso regalo de la gracia?

Sí _____   No _____

Si tu respuesta fue "No", quiero que sepas que absolutamente todos podemos vivir bajo un nuevo abrigo de gracia con Dios y es algo que puedes comenzar a experimentar ahora.

Te invito a que ahora cierres tus ojos…

Piensa en Dios y en su amado Hijo Jesús… no importa la imagen que venga a tu cabeza sobre Dios —yo siempre imagino sus ojos amorosos y su cercanía.

Que nada estorbe, concéntrate en Él; en la intimidad de la soledad, dile que lo quieres invitar a que caminen juntos y a que entre en tu corazón.

Deja ya de vivir cansado...

Deja ya de vivir tratando de atinar en la vida...

Dile que necesitas que Él tome el control de tu vida...

Dile que aceptas el sacrificio que hizo Jesús por ti...

Dile que te dé el regalo de su gracia...

Dile que quieres caminar como esas personas que brillan...

Dile que quieres ser cabeza y no cola (ver Deuteronomio 28:13)...

Y que anhelas vivir con las ventajas de su gracia...

EJERCITA TU MÚSCULO ESPIRITUAL

Esta semana medita sobre Efesios 2:8-9 y escribe tus pensamientos como respuesta a cada pregunta.

¿Cómo defines a una persona con gracia?

¿Cuál es el medio por el que obtenemos la gracia?

¿Por qué razón crees que Dios da gracia a las personas?

¿A qué crees que se refiere la Biblia cuando dice que la salvación no se obtiene por obras?

¿Por qué crees que Dios nos ofrece salvación? ¿De qué cosas nos ha salvado?

¿Es la fe (en cualquier cosa) la que nos salva y nos hace hijos de Dios, o la fe en "quién"?

TÚ TAMBIÉN ERES UN MILAGRO

Lo que es imposible para los hombres, es posible para Dios.
—Lucas 18:27

¿Qué es un milagro? ¿Es un acto de suerte? ¿Un producto de la inteligencia o la destreza? ¿Es el resultado de una acción sobrenatural?

El Diccionario de la Lengua Española lo define como "un hecho no explicable por las leyes naturales y que se atribuye a una intervención sobrenatural de origen divino".

Quizá solo cuando estemos ante la presencia de Dios, sabremos cada una de las veces que ha ocurrido un milagro o intervención divina en algún tiempo o espacio de nuestras vidas. Algo extraordinario en donde hayamos sido librados del mal y se nos haya permitido seguir nuestro camino.

Es necesario ser consciente del dolor que se vive día a día allá afuera, para entender que el simple hecho de habernos despertado hoy nos convierte en parte de un milagro. Qué tal esto:

- Un embarazo que se logró, aunque la ciencia dictaminó que era imposible.
- Una puerta que creíste que nunca se abriría para ti.
- Un accidente donde todo se vio con color a muerte, pero ganó la vida.
- Un diagnóstico positivo que cambió de repente.
- Una adicción que abandonaste contra todo pronóstico.
- Un corazón restaurado después de un golpe emocional del que pensaste que nunca te levantarías.
- La estrategia específica para resolver un problema.

Los milagros son sucesos sobrenaturales que nos ocurren, para los que no tenemos explicación alguna y cuyos resultados pueden ser comprobados por la ciencia, por un lado, y por el Espíritu, por el otro.

En mi experiencia personal, muchas veces traté de buscar una explicación lógica a aquellos sucesos que me sorprendían, pero no quedaba duda en mi corazón de que había una intervención divina, al ver que siempre quedaba un eslabón perdido en cada razonamiento que yo misma elaboraba. Aquel eslabón es la mano de Dios. Él actúa en la esfera de lo sobrenatural.

Pero ¿por qué no vemos milagros?

La distracción espiritual es uno de los factores que más atentan contra nuestra fe, que es el ingrediente esencial para ver milagros. Considera que olvidar o no tener en cuenta la constante presencia de Dios en nuestras vidas es casi como vivir una vida inconsciente, una vida sin fe y, por ende, una vida sin milagros.

PUEDES VIVIR TU VIDA COMO SI NADA FUERA UN MILAGRO O COMO SI TODO FUERA PARTE DE UNO.

MEDITA

¿Has vivido o presenciado algún evento que hasta el día de hoy no puedas explicar cómo pasó, y que, si hubieran sido aplicadas las leyes de la física, la química o la biología, aún habría quedado en duda? Escríbelo, será una buena forma de abrir tu mente y tu corazón a una nueva vida, que se moverá en la dimensión de los milagros.

EJERCITA TU MÚSCULO ESPIRITUAL

Los Evangelios bíblicos (Mateo, Marcos, Lucas, Juan) describen al menos 35 milagros de Jesús que fueron registrados por testigos oculares poco tiempo después de ocurridos. De la siguiente lista, selecciona uno por cada día de esta semana. Después de leerlos, piensa en esas áreas de dolor en donde necesitas un milagro. Solo cree.

Escribe tus reflexiones diarias.

La curación del hombre con un espíritu inmundo (Lucas 4:33-37)

La curación de un paralítico (Mateo 9:1-8; Marcos 2:1-12)

Jesús resucita al hijo de la viuda de Naín (Lucas 7:11-17).

Jesús calma la tempestad (Lucas 8:22-25).

La curación de una mujer con el flujo de sangre (Lucas 8:43-44)

La curación de dos ciegos (Mateo 9:27-31)

Alimentación de los cinco mil (Juan 6:1-15)

La curación de un sordomudo (Marcos 7:31-37)

Jesús sana a un muchacho endemoniado/epiléptico (Lucas 9:37-43).

Jesús sana la oreja del siervo del sumo sacerdote (Lucas 22:50-51).

La pesca milagrosa (Juan 21:4-11)

LUNES:

_____

MARTES:

_____

MIÉRCOLES:

_____

JUEVES:

_____

VIERNES:

_____

SÁBADO:

_____

DOMINGO:

¿Necesitas un milagro hoy? Escríbelo aquí.

SEMANA SEIS

CUANDO SOY HIJA O HIJO

*Mas a cuantos lo recibieron, a los que creen en su nombre,
les dio el derecho de ser hijos de Dios.*
—Juan 1:12

Creo en lo que la Palabra de Dios dice, que todos somos creados por Dios. Pero ¿podemos todos llamarnos "hijos"? ¿Acaso no es hijo aquel que reconoce que viene de un padre?

Me encanta recibir en casa a los amiguitos de mis hijos. Hago todo un esfuerzo porque se la pasen bien y se sientan como en su propia casa. Sin embargo, ¿te has fijado que los invitados de tus hijos no se comportan como *tus* hijos? Nuestros hijos en cualquier momento del día abren el refrigerador en busca de algún antojo, se recuestan en la sala con toda la confianza, regañan al gato cuando se sale al balcón o van al baño sin preguntar si lo pueden usar. En cambio, sus amigos, aun con toda la bienvenida y confianza que pudiéramos darles, no se sienten "como en su casa", ni con la espontaneidad de hacer todo eso.

Esta comparación me ayuda a entender que solo cuando aceptamos la paternidad de Dios y somos adoptados como sus hijos, es cuando podemos tener la confianza de estar con Él *como en casa*, de convivir y tener la autoridad de movernos con libertad para tomar aquello que nos pertenece por ser llamados *hijos*. Creo que esa es la gran diferencia entre ser parte de la creación y ser hijo, y un hijo con privilegios divinos dentro de su casa.

Cuando nuestra realidad en casa no ha sido buena, por abusos o abandonos, resulta complicado sentirnos *como en casa* en el ámbito espiritual. Sentimos desconfianza, temores y una sensación propia de desamor y de orfandad en todos los niveles, y por más que busquemos respuestas en la creación, solo el dulce soplo del Creador puede sanar esas heridas que con errores familiares nos marcaron. Es por todo esto y más que hoy me gozo por tener un gran privilegio espiritual: tener un Padre, uno delicado y amoroso que está ahí siempre, que se mantiene en guardia: *"Jamás duerme ni se adormece... El Señor es quien te cuida..."* (Salmos 121:4-5b).

Te cuento una anécdota.

Cansada durante los agotadores primeros meses como mamá, aquella noche me fui a la cama a dormir. Pasada la medianoche me desperté de un sobresalto que me llevó a ir enseguida hacia la cuna de mi pequeño bebé. Al verlo, inmediatamente me di cuenta de que le faltaba la respiración. Sin pensar, reaccioné como suele hacerlo cualquier madre en momentos de emergencia, y enseguida recuperó el aliento. Esa noche, a pesar del gran susto que me llevé, entendí una verdad que me acompaña desde aquel día: Dios me cuida, y sé que fue Papá quien me despertó; solo un papá no duerme ni se adormece porque cuida de mí. Ya no estoy sola, tengo un buen Padre.

CUANDO TU CONFIANZA ESTÁ PUESTA EN DIOS, ÉL ES ATALAYA[1]; ÉL VE EL MAL VENIR; NOS ALERTA, NOS CAPACITA Y NOS DEFIENDE.

MEDITA

¿Alguna vez has vivido la intervención repentina de Dios, donde hayas sido avisado de algún mal y te haya librado a ti o a un ser querido? ¿Eso que muchos llaman "un sexto sentido" o un presentimiento te ha protegido de alguna manera? ¿Te has sentido privilegiado en alguna forma al igual que se siente un hijo en la casa de un buen padre? Ese fue Dios, no lo olvides. Él vio el mal venir, te alertó, te protegió y realzó tu ventaja espiritual. Cuéntame.

_____

_____

_____

_____

_____

_____

1. Una torre alta de vigilancia de un castillo.

EJERCITA TU MÚSCULO ESPIRITUAL

Durante esta semana te invito a que busques en la Biblia al menos diez ventajas espirituales que tenemos los hijos de Dios. Escríbelas. El Salmo 91 puede ser de gran ayuda.

1. _____

2. _____

3. _____

4. _____

5. _____

6. _____

7._____

8. _____

9. _____

10. _____

UNA SEGUNDA OPORTUNIDAD

Por tanto, si alguno está en Cristo, es una nueva criatura
¡lo viejo ha pasado, ha llegado ya lo nuevo!
—2 Corintios 5:17

¿**A**lguna vez has sentido que perdiste una gran oportunidad? ¿Has tenido temor de que tal vez no tendrás otra igual? ¿La vida ante tus ojos ha sido oscura y prefieres rendirte y adaptarte a tu triste realidad?

La Biblia relata una historia en donde Dios nos muestra que su carácter incluye la bondad de rehacer lo que estaba deshecho y ponernos al alcance segundas oportunidades. Se trata de la vida de Ruth y Booz, una historia de amor que al leerla trajo de nuevo la esperanza a mi vida. Te la contaré así:

Ruth era una mujer joven que perdió a su esposo, y quien aún en su triste soledad, acompañó en su dolor a su suegra Noemí, quien tiempo atrás había perdido al suyo igualmente y ahora enfrentaba la trágica muerte de sus dos hijos en un solo día. En aquel tiempo, Ruth decide acompañar a su suegra a la tierra de Moab, una tierra de la que Noemí había escuchado que prestaba ayuda a la gente proveniente de su pueblo que estuviera en necesidad. Al llegar a aquel lugar, Ruth llamó la atención de Booz, un hombre bendecido y sensible, quien en cuanto la vio, anheló conocerla, y al hacerlo se enamoró de ella con un amor tan puro y verdadero que lo llevó a querer tomarla por esposa.

Esto es parte del cortejo que Booz tuvo con Ruth:

—*Ya me han contado —le respondió Booz— todo lo que has hecho por tu suegra desde que murió tu esposo; cómo dejaste padre y madre, y la tierra donde naciste, y viniste a vivir con un pueblo que antes no conocías. ¡Que el Señor te recompense por lo que has hecho! Que el Señor, Dios de Israel, bajo cuyas alas has venido a refugiarte, te lo pague con creces.*

—*¡Ojalá siga yo siendo de su agrado, mi señor!* —*contestó ella*—. *Usted me ha consolado y me ha hablado con cariño, aunque ni siquiera soy como una de sus servidoras.* (Rut 2:11-13).

Dios les dio una segunda oportunidad a Ruth y a Booz e hizo que sus vidas coincidieran.

Así como Dios le otorgó su gracia (favor inmerecido) a Ruth para rehacer su vida, también a mí me dio una segunda oportunidad. Te cuento mi historia:

Después de tres años de amores, desamores, éxitos, fracasos, fama, dinero, pero sobre todo en medio de una profunda soledad sin Dios, lo que menos esperas a los 22 años es una prueba de embarazo positiva. Contra todos los pronósticos y a pesar de las arduas labores y cuidados anticonceptivos, llegó el día en que tuve que enfrentar que iba a ser mamá, ¡mamá sola!

Mi amado hijo primogénito nació al comenzar el invierno, y gracias a la famosa depresión postparto —que se agudizaba con la soledad—, a la semana siguiente de haber dado a luz estaba ya asistiendo a mi acostumbrado grupo semanal de oración al que había empezado a ir meses antes para conocer más a mi nuevo amigo Jesús. Ese día, al entrar al lugar de reunión, descubro que a la hora acostumbrada aún no había llegado nadie, excepto Luis, un apuesto y muy bien vestido caballero quien había empezado a asistir al grupo de oración durante los días de mi ausencia por el parto. Él, al igual que yo, estaba extrañado por la poca concurrencia en el lugar. Y ahí, a solas, recuerdo mi primer "pensamiento pecaminoso": *Con alguien así yo sí me hubiera casado...* ¡Carolina, acabas de tener un hijo!, ¡en qué estás pensando!

Semana tras semana, Luis y yo nos fuimos conociendo, y después de las preguntas iniciales de rigor, pasamos a reconocer el uno en el otro el deseo de conocer más a Dios y crecer espiritualmente. Con el tiempo, Luis se enteró que yo no era casada, y con mucha precaución empezó el cortejo. Luego vino el enamoramiento, acompañado por las dudas y las confusiones; pero "el amor todo lo soporta", aun los minuciosos permisos de los pastores, quienes fueron amorosos padres para nosotros. Finalmente, después de un tiempo, vino la gran boda. Mi hijo tenía casi un año cuando Dios nos concedió una segunda oportunidad al brindarnos el inmerecido favor de rehacer nuestras vidas.

Amigos románticos, el matrimonio es una carrera de fondo, no de velocidad. Caminémosla, evitemos convertirnos en una especie en peligro de extinción y tengamos presente que la meta es Cristo. Recibir una nueva oportunidad en el ámbito que sea es algo que todo hijo, estudiante, amigo, empleado, jefe, padre o madre, todo ser humano, quisiera tener. Esa también es una de las ventajas espirituales al tener a Dios con nosotros.

QUIEN PASA LA TORMENTA CONTIGO, GOZARÁ CAMINAR BAJO LA LLUVIA JUNTO A TI.

MEDITA

¿Te ha dado Dios una segunda oportunidad en algo en lo que pensabas que ya no había remedio? ¡Escribe al respecto! Será maravilloso recordarla.

Nunca olvides que: *Por lo tanto, si alguno está en Cristo, es una nueva creación. ¡Lo viejo ha pasado, ha llegado ya lo nuevo!* (2 Corintios 5:17)

EJERCITA TU MÚSCULO ESPIRITUAL

¿En qué área de tu vida te gustaría que Dios te diera una segunda oportunidad?

¿Qué puedes aprender en las siguientes citas bíblicas sobre el carácter de Dios?

LUNES

Juan 8:10-11

MARTES

Salmos 145:8

MIÉRCOLES

Romanos 5:8

JUEVES

Lamentaciones 3:22-24

VIERNES

Jonás 4:2

SÁBADO

Jeremías 31:34

DOMINGO

Mateo 14:29-32

UNA VISIÓN SOBRENATURAL

Sucederá que en los últimos días —dice Dios—,
derramaré mi Espíritu sobre todo el género humano.
Los hijos y las hijas de ustedes profetizarán,
tendrán visiones los jóvenes y sueños los ancianos.
—Hechos 2:17

¿**A**lguna vez has tenido los ojos cerrados y has visto una escena tan real como tú? Yo lo he experimentado pocas veces en mi vida, pero recuerdo con todos sus detalles cada visión que he tenido. Te cuento una que fue muy especial para mí.

Durante los primeros días después de enterarme de mi embarazo, estaba en mi cuarto sentada en una pequeña esquina donde acostumbraba a escuchar música para reflexionar. Esa mañana pensaba en cómo mi vida daría un giro de 180 grados. Entre lágrimas silenciosas y con los ojos cerrados, empecé a ver una escena tan real que podía distinguir cada detalle. Era una escena donde el personaje femenino era yo, y la situación era la misma que unos meses atrás protagonizaba en la vida real, donde afloraba la irresponsabilidad de la juventud que vive solo el momento.

En aquella visión, alguien me veía desde arriba con lágrimas en los ojos; era alguien que me amaba, que me conocía y que además conocía mi futuro. Él lloraba por aquello que estaba viendo. Su rostro era tan tierno y su llanto tan verdadero, que en ese pequeño rincón de la habitación mi llanto salió con intensidad. Era Él, Jesús, quien me observaba y lloraba mientras todo pasaba. Supe con exactitud que su llanto provenía de aquello que podía ver en mi futuro: todo el rechazo, la soledad y el desamparo que su amada hija sentiría después de esa intensa aventura amorosa que tanto le había divertido. Eran cosas que solo podía ver Dios, yo no, pues a diferencia de nosotros, nuestro Padre conoce el futuro y por eso nos advierte con insistencia.

A partir de aquella visión, el concepto de la palabra "pecado" cambió para mí. Pude entender cómo *pecar*, aunque parezca solo un verbo religioso, nos lastima profundamente, y que no es algo así como que Dios está desde arriba viéndonos, esperando a que usemos mal nuestro libre albedrío para castigarnos o cortarnos la cabeza. Al contrario, Él ve con anticipación el dolor que viviremos como consecuencia de las malas decisiones; y como un Padre se duele con nosotros, nos da la fuerza y nos capacita para vencerlo.

Pero lo más bonito de toda aquella experiencia fue que a través de una visión sobrenatural entendí el gran amor de Dios por mí y entonces supe que no estaría sola. ¡Y sí, también maduré! Aprendí que la vida de adultos está llena de opciones a elegir, y a pesar de que el pecado, la falla, el error, o como lo quieras llamar, llega a nuestras vidas constantemente, debemos apartarnos y *"vestirnos con toda la armadura de Dios"* (Efesios 6:11,13) para solo así poder vencerlo.

Es importante que sepas que cuando una visión, un sueño, una experiencia, un pensamiento o palabra viene verdaderamente de Dios, traerá a tu corazón paz, nunca temor; te animará, no te condenará, y lo más importante, no te dejará sin una valiosa enseñanza.

Ciertamente, la palabra de Dios es viva y poderosa, y más cortante que cualquier espada de dos filos. Penetra hasta lo más profundo del alma y del espíritu, hasta la médula de los huesos, y juzga los pensamientos y las intenciones del corazón.

(Hebreos 4:12)

VER CON LOS OJOS DE DIOS MEJORA LAS ACCIONES DE LOS HOMBRES.

MEDITA

¿Recuerdas alguna visión o un sueño casi palpable que hayas tenido? Escríbelo, seguro descubrirás que a personas naturales como tú y como yo nos suceden cosas sobrenaturales.

¿Aprendiste algo de aquella visión?

Si esto es algo que todavía no te ha sucedido, puedes pedírselo a Dios. Será una hermosa experiencia que Él dijo que tendríamos.

_____

_____

_____

_____

_____

EJERCITA TU MÚSCULO ESPIRITUAL

Muchas veces vamos por la vida buscando que personas tan humanas como tú y como yo, aun cuando sean desconocidos, nos digan las cosas que nos pasarán, y que podamos ver desde antes la puerta a un mundo de maldición que se avecina, pero que en un principio no vemos. Pero solo Dios nos ofrece una guía segura en su Palabra, a veces por medio de sueños y visiones, donde no necesita intermediarios, para estimular nuestra fe y crecimiento espiritual.

Lee los siguientes versículos que te mostrarán algunas ocasiones en las que Dios ha hablado en sueños y visiones a los hombres.

Génesis 46:2-4

Hechos 9:10-12

Hechos 18:9-10

Lucas 1:11-22

Apocalipsis 22:6

¿Y QUÉ SI NO OCURRIÓ EL MILAGRO?

Me acuesto y pienso: "¿Cuánto falta para que amanezca?"
La noche se me hace interminable;
me doy vueltas en la cama hasta el amanecer.
—Job 7:4

Antes de comenzar a escribir este libro, me preguntaba: ¿Y qué pasa con la gente que no recibe su milagro? ¿Qué pasa con aquellos que han tenido fe, que han orado y su respuesta ha sido un *"no"*? ¿Este será un libro también para ellos? ¿Cómo respondería yo a un corazón que está herido por alguna circunstancia?

Definitivamente callaría, compartiría su dolor con oración ante esa difícil prueba de fe. Seguramente todos hemos experimentado lo que se siente perder, y sabemos que, aunque existan diferentes magnitudes de dolor, todos hemos sido heridos de guerra de alguna manera.

Un personaje en el Antiguo Testamento llamado Job, cuenta su experiencia de vida en medio de grandes calamidades. Él retrata muy bien el sentir que muchos hemos atravesado y también el de aquellos que en este momento podrían estar sufriendo.

¿No tenemos todos una obligación en este mundo?
¿No son nuestros días como los de un asalariado?
Como el esclavo que espera con ansias la noche,
como el asalariado que ansioso espera su paga, meses enteros
he vivido en vano;
¡me han tocado noches de miseria!
Me acuesto y pienso: "¿Cuánto falta para que amanezca?"
La noche se me hace interminable;
me doy vueltas en la cama hasta el amanecer. (Job 7:1-4)

Leer a Job en medio de la prueba podría hacernos sentir comprendidos de alguna manera, pero también creo que quedarnos estancados en ese lugar de dolor nos convierte en víctimas de nosotros mismos. Dios es majestad. Él es Dios soberano y solo Él sabe por qué pasan algunas cosas que lastiman y golpean nuestra fe. Él puede ver el verdadero desenlace de nuestras vidas y no tiene limitados los tiempos como nosotros. Esta verdad debería inspirarnos a confiar en que vale la pena levantarse de nuevo y volver a creer.

Las siguientes son palabras de adoración que aparecen en el penúltimo libro de la Biblia y pueden inspirarnos a ceder nuestra voluntad a un Dios majestuoso, pues Él tiene dominio, cuidado y autoridad sobre todas las cosas, tu vida y la mía incluidas:

> *¡Al único Dios, nuestro Salvador,*
> *que puede guardarlos para que no caigan,*
> *y establecerlos sin tacha y con gran alegría ante su gloriosa*
> *presencia, sea la gloria, la majestad, el dominio y la autoridad,*
> *por medio de Jesucristo nuestro Señor, antes de todos los siglos,*
> *ahora y para siempre! Amén.* (Judas 1:24-25)

Jesús también enfrentó batallas, y nos enseñó con estas palabras una forma sana de soltar el control aun en medio de la confusión y el dolor.

> *Por segunda vez se retiró y oró: «Padre mío, si no es posible evitar*
> *que yo beba este trago amargo, hágase tu voluntad».*
> (Mateo 26:42)

No sé cuántas veces será necesario reiniciar nuestras vidas, ni de cuánto tiempo será el intervalo que nos tardemos en recuperarnos de cada una de las batallas perdidas, pero creo que vale la pena vivir creyendo; de otra manera, ¿vale la pena vivir sin esperanza?

Tal vez al final de la vida descubramos cosas sobre la verdad que no sabíamos, o secretos sobre Dios aún desconocidos para el género humano y que estaban escondidos en esas pruebas de dolor y llanto. Pero, a pesar de que hoy tenga o no la verdad, de que esté total o parcialmente en lo correcto sobre mi fe y aun así te esté invitando a creerlo, agradeceré haber seguido con devoción y por convicción a un Dios que me animó a levantarme una y otra vez, uno que me exhortaba para ser mejor cada día y que me hacía sentir segura en los momentos más oscuros de mi vida. Por todo esto y más ¡vale la pena seguir intentándolo!

PROHIBIDO LEVANTARSE SIN ILUSIONES, VESTIRSE SIN ESPERANZA, SALIR SIN FE Y CAMINAR SIN AMOR.

MEDITA

Dichosos los que lloran, porque serán consolados. (Mateo 5:4)

Alabado sea el Dios y Padre de nuestro Señor Jesucristo, Padre misericordioso y Dios de toda consolación, quien nos consuela en todas nuestras tribulaciones para que, con el mismo consuelo que de Dios hemos recibido, también nosotros podamos consolar a todos los que sufren. (2 Corintios 1:3-4)

En el siguiente espacio escríbele a Jesús sobre aquello que en este momento te lastima, eso que te ha causado amargura y resentimiento; o cuéntale sobre ese duelo que estás atravesando. Él es nuestro amigo y le importa cómo nos sentimos, pues conoce también lo que es el dolor.

Él fue traspasado por nuestras rebeliones,
y molido por nuestras iniquidades;
sobre él recayó el castigo, precio de nuestra paz,
y gracias a sus heridas fuimos sanados. (Isaías 53:5)

EJERCITA TU MÚSCULO ESPIRITUAL

Durante esta semana intenta pensar en cinco buenas razones por las cuales las cosas que ahora te aquejan ocurrieron de forma diferente a como esperabas.

1. _____

2. _____

3. _____

4. _____

5. _____

SEREMOS LIBRADOS DEL MAL

El Señor es quien te cuida,
el Señor es tu sombra protectora.
—Salmos 121:5

Un fin de semana para descansar, y fuimos invitados a Cocoyoc, un pequeño lugar turístico a menos de dos horas de la Ciudad de México. Era una tarde tranquila y soleada. Mi hijo mayor tenía cuatro años y estaba, como era de esperarse en un niño de su edad, jugando con su amigo Sebastián de seis años en la pequeña alberca de la casa donde nos hospedamos. Yo estaba a unos metros de la alberca cuidando de ellos, mientras platicaba con la mamá de su amiguito.

En un instante veo salir a mi esposo rápidamente de la sala de televisión donde estaba viendo un partido de fútbol de su equipo favorito —el América—, y sé que jamás se hubiera despegado del televisor en un partido como estos si no fuera por una circunstancia fuera de serie. Lo vi salir corriendo directo hacia la alberca, y sin pensarlo dos veces se lanzó para sacar a mi pequeño que estaba debajo del agua. Hasta el día de hoy me siento profundamente agradecida y privilegiada por esta experiencia que sucedió con exacta sincronía divina aquella tarde.

Cuando pudimos hablar con más calma mi esposo y yo después de que mi pequeño reaccionó y lloró agarrado fuertemente a sus brazos durante un buen tiempo, me contó que solo *sintió* el tener que salir al jardín, y que, al no ver la cabeza de mi pequeño en el agua, reaccionó. Ese llamado sobrenatural lo impulsó a lanzarse al agua y sacar a mi bebé ¡que estaba en el fondo de la alberca y nunca me di cuenta! Aun cuando soy una mamá muy pendiente y aprensiva con el tema de las albercas, no tengo ojos para todo, ¡pero Dios sí! Él lo vio y lo libró de la muerte.

Me sentí muy conmovida: ¡Dios había cuidado a mi hijo!, y me había librado a mí de aquel gran dolor. ¿Por qué? Todavía no me lo explico.

Por la noche, aún nerviosa por aquello que había sido un gran susto que nos duró por semanas, quise leer la Biblia para poder tener paz y lograr conciliar el sueño, y encontré inmediatamente este versículo:

Él nos libró y nos librará de tal peligro de muerte. En él tenemos puesta nuestra esperanza, y él seguirá librándonos.

(2 Corintios 1:10)

Aquello fue una confirmación de que ninguna suerte, ni perspicacia, sino solamente su mano poderosa había librado a mi pequeño de la muerte.

CUANDO LOS ESFUERZOS NATURALES FALLAN, LA AYUDA SOBRENATURAL SE AGUDIZA.

MEDITA

¿Alguna vez has llegado tarde o faltado a una cita donde luego supiste que ocurrió algo que te hubiera costado la vida o te hubiera hecho pasar un mal momento? ¿Has sentido un llamado interno fuera de lo normal para actuar repentinamente de una u otra manera? Y la pregunta clave: ¿obedeces a la voz del Espíritu Santo, que es el Espíritu de Dios?

EJERCITA TU MÚSCULO ESPIRITUAL

Esta semana reflexiona leyendo el Salmo 91, que es conocido como un salmo de protección. Conoce más de tus ventajas espirituales y escribe sobre el significado que tiene hoy para tu vida.

_____

_____

_____

_____

_____

BUENOS MAYORDOMOS

Dichoso el siervo cuyo señor, al regresar,
lo encuentra cumpliendo con su deber.
—Lucas 12:43

Uno de los grandes retos que enfrentamos en el mundo moderno es vivir y educar en un entorno donde la identidad se hace pública con un solo clic; la soledad se cura con amigos cibernéticos; el amor y la fortuna se presumen en las redes sociales y se ha reemplazado el crecimiento personal por el aumento de la lista de seguidores. Además, por si fuera poco, existen grandes amigos de la perversión que tratan de robar al mundo la pureza, el amor y esa sensación de seguridad y paz a la que estuvimos acostumbrados algunos de nosotros cuando éramos pequeños.

A estas alturas, jóvenes y adultos sabemos que la vida real de nadie es como las fotos que postean en sus muros, que los momentos felices existen para todos y a veces es difícil distinguir entre la adrenalina de tener *likes* o seguidores y el placer de vivir una vida real e íntegra que influya en quienes nos conocen personalmente. Padres, cuidemos los ojos y la mente de nuestros hijos mientras vivan en el seno familiar; tendrán toda una vida para decidir solos, pero en casa decidamos hacer el bien.

Lo correcto no es aquello que es más fácil de hacer y que no genera conflicto, sino son esos límites amorosos que forman hijos cimentados en el amor, la paciencia, la tolerancia, la bondad, la disciplina y el respeto; aunque esto nos catalogue por momentos como antagónicos de sus vidas.

HACER LO CORRECTO ES PARTE FUNDAMENTAL
DE CONSTRUIR UNA VIDA FELIZ.

En la Biblia se usa la palabra *mayordomo* para referirse a la responsabilidad que tenemos los creyentes sobre aquello que nos ha sido dado.

Asegúrate de saber cómo están tus rebaños; cuida mucho de
tus ovejas....   (Proverbios 27:23)

Lo siguiente ocurrió durante la época de Navidad. Aquel día viví momentos de angustia, donde sentí la agonía de ver a uno de mis hijos perderse entre la muchedumbre por unos instantes, los más largos de mi vida. Con esto aprendí que debo mantener encendidas las alarmas físicas y espirituales para que nuestra oración y cuidados siempre mantengan a salvo de cualquier extravío a nuestros hijos.

Era el 24 de diciembre de 2008 y estábamos pasando unos días de vacaciones en la ciudad de McAllen. Aquella tarde salimos a comprar algunos regalos de Navidad para la noche, y le pedí a mi esposo que cuidara a nuestra pequeña hija de tres años, quien jugaba en un carrito mecánico junto a un lugar donde él podía sentarse y tomar un descanso. Unos minutos después, me asomé para revisar que todo anduviera bien con ellos, y le pregunté a mi esposo desde lejos, con señas, por nuestra hija. Él me señaló aquel carrito mecánico rosa, el mismo juego donde la habíamos sentado hacía un rato y donde él asumía que seguía, pues había una pequeña rubia allí sentada de aproximadamente la misma edad y a quien solo veía de espaldas.

Bueno, al voltear la cara la pequeña niña, mi esposo y yo nos dimos cuenta de que la niña a la que cuidaba desde hace un rato (no sabíamos exactamente cuánto tiempo) no era nuestra pequeña, sino una nena diferente. Enseguida nos percatamos de que Cami había desaparecido. Los que son padres saben de lo que hablo. Fueron los quince minutos más angustiantes de mi vida. Recuerdo que gritaba su nombre por toda la plaza y me decía a mí misma una y otra vez: *Cami, Jesús te protege, la sangre de Jesús está sobre ti, Él no murió en vano.*

Las estadísticas hablan de que aproximadamente cada año 1.500 menores desaparecen en México y alrededor de 800.000 en los Estados Unidos. Son cifras que me causan mucho dolor y pavor; es un tema que requiere nuestra acción y oración.

Mientras lloraba de la desesperación de no encontrarla, a la que se unieron otras personas de la plaza buscándola, ese clamor de fe era lo único que mi mente registraba: *Cami, Jesús te protege, la sangre de Jesús está sobre ti, Él no murió en vano.*

De repente, después de buscar incansablemente, veo a lo lejos unas orejas de conejo (como las que le habíamos comprado) en una cabecita, y en los brazos de una persona encargada del aseo de la plaza. Una vez más, Dios y su mano poderosa nos libró del dolor: nuestra pequeña estaba de nuevo con nosotros.

En la actualidad, los niños se pierden no nada más en las calles, sino cada vez más entre las redes sociales. Sus perfiles y sus "amigos" son el carrito mecánico donde se extravían por medio de una computadora o un *smartphone* cuando navegan sin restricción ni cuidado. Seamos padres presentes, firmes y valientes que no temen confrontar por miedo al enojo o al rechazo de no ser "los mejores amigos de nuestros hijos". Recordemos que amigos ya tienen muchos, en cambio nuestra paternidad es un privilegio único. Seamos "fieles mayordomos" de la casa que se nos encomendó.

CON AMOR Y FIRMEZA SE CONSTRUYEN BASES SÓLIDAS PARA NUESTRAS RELACIONES.

MEDITA

¿Crees que en algún momento ha estado en peligro tu vida o la de los tuyos por falta de límites? ¿Qué cambios consideras que debes hacer en tu vida o en tu hogar para evitar el extravío físico, emocional y espiritual?

EJERCITA TU MÚSCULO ESPIRITUAL

Esta semana revisaremos textos bíblicos sobre la mayordomía. Anota las aplicaciones para tu vida que encuentres en cada versículo.

LUNES:

Romanos 13:7

MARTES:

Proverbios 22:6

MIÉRCOLES:
Efesios 6:4

JUEVES:
1 Timoteo 3:4

VIERNES:
Proverbios 11:24

SÁBADO:
Deuteronomio 8:18

DOMINGO:
Proverbios 3:27

UNA SANA DOCTRINA

*Toda la Escritura es inspirada por Dios y útil para
enseñar, para reprender, para corregir y para instruir en la
justicia, a fin de que el siervo de Dios esté
enteramente capacitado para toda buena obra.*
—2 Timoteo 3:16-17

Durante mi vida como creyente, he recibido cientos de enseñanzas bíblicas poderosas que han llenado mi alma de esperanza, mensajes tan asertivos que parecieran haberse escrito de manera personal, y que han guiado mi vida en momentos de gran necesidad. Pero también, en ocasiones escuché palabras que me generaron temor y distorsionaron por momentos la imagen que tenía de Dios.

La Biblia está llena de verdades y leyes espirituales conducidas por el amor, la justicia, la sabiduría y la gracia. Es natural, mas no correcto, que cuando cada uno de nosotros se dispone a leerla, le dé la interpretación que emana de su propia experiencia y conocimiento, generando que el aprendizaje no sea del todo fiel a la Palabra y terminemos interpretando aquello que queremos entender.

Por esto considero que seguir los principios de una sana doctrina guiará el aprendizaje espiritual hacia un lugar seguro, donde se guarden con fidelidad las verdades bíblicas.

Te comparto algunas que considero fundamentales.

Al leer o escuchar la Palabra de Dios, cada versículo no debe sacarse del contexto en el que fue escrito. Es importante saber a qué personaje hace referencia y el momento de la historia en el que ocurren los hechos, teniendo en cuenta que hay enseñanzas que pertenecen al Antiguo Testamento, donde aprendemos sobre la naturaleza creadora, perfecta, poderosa y justa de Dios, y otras al Nuevo Testamento, donde conocemos acerca del nuevo pacto de Dios con nosotros a través de Jesús, y donde podemos ver su carácter misericordioso, compasivo y humano (siendo este el pacto bajo el que nos encontramos hoy).

La guía del Espíritu Santo es el principal componente de una vida espiritual activa, y la base de una sana, equilibrada, verdadera y justa aplicación de la Palabra de Dios a nuestras vidas.

La Biblia dice que por falta de conocimiento el pueblo perece (ver Oseas 4:6), y creo que conocer, estudiar y discernir la Palabra de Dios nos evitará muchos miedos y mentiras que nos hacen perdernos en el camino de la fe.

> **AQUEL QUE NO BUSCA EL CONOCIMIENTO ES SEMEJANTE A AQUEL QUE NO PUEDE VER.**

MEDITA

Escribe qué concepto tienes de la Palabra de Dios. Piensa en qué palabras o enseñanzas te han generado temor o confusión y cuáles otras recuerdas porque han sido marcas de fe en tu vida.

EJERCITA TU MÚSCULO ESPIRITUAL

Las siguientes son algunas definiciones sencillas de conceptos de los que habla la Biblia. El estudio y entendimiento de palabras simples aclara verdades determinantes. Busca el significado de otros conceptos que no tengas claros y encuentra en la Biblia un versículo que haga referencia. Cualquier aplicación de la Biblia para teléfono celular te puede ser también de gran ayuda.

TEMOR DE DIOS

Es una actitud de reverencia y respeto hacia Dios.

Ver Proverbios 1:7

MAJESTAD

Gloria, grandeza, magnificencia.

Ver 1 Crónicas 29:11

SOBERANÍA

Capacidad de Dios de poner en práctica su voluntad.

Ver Salmos 135:6

PECADO

Fallar o no alcanzar el objetivo; acción que daña.

Ver Colosenses 3:5

AUTORIDAD

Derecho o facultad para gobernar.

Ver Romanos 13:1

SIERVO

Persona entregada al servicio de otra.

Ver Romanos 6:22

ESCLAVO

Que carece de libertad.

Ver Gálatas 5:1

SERVICIO

Trabajo, especialmente cuando se hace para otra persona.

Ver Colosenses 3:23

FRUTOS

Lo que se origina o viene de algo. Efecto o resultado.

Ver Gálatas 5:22-26; Mateo 7:16-20

ORGULLO

Valoración de uno mismo por encima de los demás.

Ver Romanos 12:3

HUMILDAD

Del latín *humilitas*, que significa: pegado a la tierra, ausencia de soberbia.

Ver Proverbios 22:4

ÁNGELES

*Porque él ordenará que sus ángeles te
cuiden en todos tus caminos.*
—Salmos 91:11

Me encanta esta palabra, pues por corta que parezca es muy poderosa y considero que es importante que sepas lo que quiere decir Dios.

Empecemos por unas definiciones:

Orden: una orden es la disposición de alguna cosa de acuerdo con un plan; se contrapone a la casualidad y al caos.

Ángeles: la palabra *ángel* se deriva de la palabra griega *aggelos*, que significa *mensajero*.

UN ÁNGEL ES UN SER SOBRENATURAL, INMATERIAL O ESPIRITUAL CUYOS DEBERES SON ASISTIR Y SERVIR A DIOS.

Esa mañana la playa se veía hermosa, el mar estaba calmado y no había ningún peligro aparente. Gala, nuestra hija menor, al escuchar el intenso sonido del mar no quiso acercarse, por lo que decidimos quedarnos en un lugar donde la arena estaba totalmente seca, ya que íbamos con ropa de playa y sin intención de mojarnos, pues era muy temprano y había bandera roja. Pusimos algunos juegos y maletas alrededor y me dispuse a disfrutar de la vista con la hermosa compañía de mis dos pequeñitas. De repente una gran ola de la corriente del océano Pacífico y el mar de Cortés (según nos dijeron) llegó sobre nosotras, cubriéndonos más arriba de mi cabeza. Nunca la vi venir; solo grité "¡Corre!" a mi hija mayor, y como pudieron mis brazos agarraron a Gala que estaba sentada en la arena junto a mí. La ola se llevó al mar todas nuestras maletas, zapatos y juegos. Llegó con tal fuerza que arrasó con todo.

Cuando ya pude ver claramente, me percaté de que Cami había corrido hacia un lugar seguro segundos antes de que llegara la ola. Yo tenía a Gala agarrada del brazo y estábamos totalmente empapadas y llenas de arena. En seguida, un hombre que estaba haciendo ejercicio cerca llegó a ayudarnos a salir de aquel aturdidor escenario. Él tampoco entendía cómo una ola había llegado hasta ahí si el mar estaba considerablemente alejado. Sacó del mar nuestras cosas, excepto un pantalón que ya se lo había llevado muy lejos el engañoso mar.

Hoy, aún no tengo una explicación clara de cómo agarré a mi bebé, cómo Cami corrió tan rápido, y tampoco sé de dónde salió ese hombre en aquel preciso momento en el que había quedado aturdida por el agua y la arena. Lo que sí sé es que todo vino del cielo, aquel ayudador fue un "ángel" que Dios envió para protegernos, pues *"él ordenará que sus ángeles te cuiden en todos tus caminos"* (Salmos 91:11).

LOS ÁNGELES SON SERES CREADOS POR DIOS, INFERIORES A ÉL, DE LOS CUALES DISPONE PARA SU SERVICIO Y ALABANZA.

MEDITA

Esta semana tomemos tiempo para recordar y dar gracias en oración a Dios por esos ángeles que ha enviado en diferentes momentos de nuestras vidas para librarnos o guiarnos de forma sobrenatural. Tal vez no conoces sus nombres, o tal vez sí, pero escribe aquí aquello para lo cual Dios los usó.

EJERCITA TU MÚSCULO ESPIRITUAL

Reflexiona sobre las siguientes citas bíblicas que te darán información importante acerca de la forma y misión de los ángeles.

En ocasiones la Biblia usa la palabra ángeles (mensajeros) para referirse a seres humanos:

Personas ordinarias: Lucas 9:52; Job 1:13-14

Profetas: Malaquías 3:1

Líderes de iglesia: Malaquías 2:7

En otras ocasiones, la Biblia habla de forma figurada acerca de cosas o eventos donde aparecen ángeles o mensajeros:

La columna de nube: Éxodo 14:19

La pestilencia o las plagas: 2 Samuel 24:16-17

LA MISERICORDIA

El Señor es clemente y compasivo,
lento para la ira y grande en amor.
—Salmos 103:8

Hemos hablado en semanas anteriores acerca de la "gracia". Esta semana hablaremos sobre el concepto de "misericordia".

¿Quién no ha escuchado esta palabra? Se le relaciona usualmente con dolor y sufrimiento; por demás, una palabra de iglesia y el concepto en el diccionario no cambia mucho las cosas.

MISERICORDIA: DISPOSICIÓN A COMPADECERSE DE LOS SUFRIMIENTOS Y MISERIAS AJENAS.

Se refleja en la asistencia al necesitado, la amabilidad, el perdón y la reconciliación. Más que un sentimiento de empatía es una práctica. Es considerada entonces uno de los principales atributos divinos. Su etimología, del latín *misere* (miseria, necesidad); *cordis* (corazón) e *ia* (hacia los demás); significa tener un corazón generoso con aquellos que tienen necesidad.

Pero ¿qué pasa cuando debemos tener misericordia por alguien que nos ha dañado? ¿A qué nos referimos cuando le pedimos a Dios que tenga misericordia de nosotros al estar viviendo la dura consecuencia natural de nuestros actos? En estos dos casos entendemos de manera implícita que la misericordia es el fruto que nace de perdonar al otro un daño que nos ha hecho, y cuya consecuencia de tal daño detenemos o queremos que Dios detenga.

Así que, en términos más claros, tener *misericordia* es frenar o detener el mal del que éramos merecedores, y *gracia* es recibir más de aquello que merecemos.

La misericordia observa constantemente el incumplimiento de la ley y se apiada de nosotros, nos recuerda nuestra humanidad y la disculpa cuando acudimos a Dios clamando por esa naturaleza protectora y perdonadora que lo caracteriza.

SIN MISERICORDIA
LA CONDENACIÓN PERMANECE.

MEDITA

Muchas veces culpamos al diablo, a la "mala suerte" o incluso a Dios mismo por vivir situaciones difíciles en nuestras vidas, pero en la mayoría de los casos, si somos más reflexivos, descubriremos que aquello que nos aqueja es una consecuencia de nuestros propios actos. El principio del cambio es reconocer el error. ¿Reconoces tus errores, o tienes esa habilidad para encontrar siempre un culpable ajeno para cada problema que vives?

EJERCITA TU MÚSCULO ESPIRITUAL

Esta semana piensa en esa lucha que estás viviendo (de salud, economía, relaciones difíciles con tu familia, etc.), piensa en aquello que verdaderamente te roba vida. Pregúntate si acaso esa situación cambiaría si hicieras algunos ajustes de fondo en ti, en tu carácter, tu rutina, tu alimentación, en la forma cómo administras el dinero que recibes, en la actitud que tienes ante tu trabajo, o en el tiempo que inviertes en tu crecimiento personal. Una vez identificados esos verdaderos enemigos, trabaja en el arrepentimiento, pide a Dios su *misericordia* sobre cada una de esas áreas y dispone a planear tu renovación. Pequeños o grandes cambios te ayudarán a rediseñar tu vida.

Recuerda que arrepentirse no es solo llorar, o sentirnos mal por nuestros errores. El verdadero arrepentimiento muestra frutos de cambio.

Quien encubre su pecado jamás prospera; quien lo confiesa y lo deja halla perdón.   (Proverbios 28:13)

¿Por dónde empezamos?

LA AUTORIDAD SOBRENATURAL QUE DIOS NOS DA

Pues Dios no nos ha dado un espíritu de timidez, sino de poder, de amor y de dominio propio. Así que no te avergüences de dar testimonio de nuestro Señor.
—2 Timoteo 1:7-8

Estas señales acompañarán a los que crean: en mi nombre expulsarán demonios; hablarán en nuevas lenguas; tomarán en sus manos serpientes; y, cuando beban algo venenoso, no les hará daño alguno; pondrán las manos sobre los enfermos, y estos recobrarán la salud.
—Marcos 16:17-18

Era el gran día del desayuno de mujeres que habíamos organizado para compartir acerca del gran amor de Dios. Unas cocinaban, otras arreglábamos los últimos detalles de las mesas, y Caren se ofreció a cuidar a los niños que llegarían, para quienes habíamos dispuesto el jardín que estaba en la planta baja del edificio donde sería el evento.

Todo transcurría de acuerdo con lo esperado en el programa. Habíamos desayunado y la plática estaba por terminar. De repente, al estar haciendo la oración en donde muchas mujeres recibían a Cristo en su corazón, entró Caren gritando con su hija entre brazos. Manola, de aproximadamente dos años, tenía espasmo de sollozo (conocido también como apnea de llanto). Caren ya sabía cómo atender a su hija en estos alarmantes momentos, pero esta vez nada de lo que ella sabía hacer estaba funcionando. Manola había dejado de respirar en el jardín y Caren ya la había sacudido, la había llevado al baño para mojarla, pero al ver que la bebé no reaccionaba y que el tiempo del espasmo era anormal, la subió al salón donde ofrecíamos el desayuno. Para estos momentos el color de la pequeña era atemorizante. La gente al verla empezó a alarmarse, algunas inmediatamente llamaron por teléfono para solicitar ayuda y otras más me pedían que hiciera algo.

Momentos antes yo había hablado del poder de Dios. Por causa del tumulto solo alcancé a ver la cara desesperada de Caren, y recuerdo que sinceramente me dio pánico la responsabilidad de la situación. Sin embargo, algo pasó dentro de mí en ese momento, y fue solo Dios, el Todopoderoso, quien me dio la fortaleza de tocarla y decir con la autoridad del Maestro: "¡Espíritu de muerte, suéltala, en el nombre de Jesús!". Realmente fue algo que salió de mi inconsciente... y en ese momento la pequeña lloró fuertemente.

¡AQUELLO FUE EL PODER DE DIOS ACTUANDO!

Cada una de aquellas mujeres que venían con una fe del tamaño de un grano de mostaza, pudieron testificar que aquel Jesús de quien yo les predicaba actuaba con poder. Juan 14:12-13 dice: *"Ciertamente les aseguro que el que cree en mí las obras que yo hago también él las hará, y aun las hará mayores, porque yo vuelvo al Padre. Cualquier cosa que ustedes pidan en mi nombre, yo la haré; así será glorificado el Padre en el Hijo".*

Hoy más que nunca entiendo la importancia de leer la Palabra de Dios, de lo fundamental que es tener nuestra mente y nuestro corazón lleno de ella, ya que la Palabra de Dios es nuestra espada en la batalla y las batallas no siempre se predicen.

¡Ese desayuno fue sobrenatural!

NO SUBESTIMES EL PODER QUE TIENES CUANDO CAMINAS CON DIOS.

MEDITA

Escribe cada una de esas luchas que hoy te sobrepasan, esas que, aunque en momentos has aprendido a manejarlas, se han salido de control.

EJERCITA TU MÚSCULO ESPIRITUAL

La Palabra de Dios tiene poder para vencer todas nuestras pruebas y suplir nuestras necesidades. Busca en tu Biblia impresa o en aplicación digital versículos que te sirvan como espada para afrontar cada una de ellas. Yo te ayudo con algunos ejemplos:

Contra el temor: Salmos 18:6; Salmos 56:3; Isaías 41:10

Para vencer la enfermedad: Isaías 53:5; Juan 11:4

En la ansiedad: Proverbios 3:5; Mateo 6

Cuando estás indeciso: Salmos 23:3; Proverbios 16:9; Santiago 1:6-8

En sufrimiento por desamor: Salmos 55:22; Salmos 147:3

_____

_____

_____

_____

_____

AUMENTA TU MEDIDA DE FE

... según la medida de fe que Dios le haya dado.
—Romanos 12:3

Me encanta saber que Dios nos ha dado a cada uno de nosotros una medida de fe. Que la fe no es algo que debamos ganarnos o buscar en algún lugar, sino que es algo con lo que el Padre ya nos ha dotado. Sumado a eso, me regocija descubrir que además todos podemos hacer crecer esa medida de fe.

Así que la fe viene como resultado de oír el mensaje, y el mensaje que se oye es la palabra de Cristo.
(Romanos 10:17)

Cada vez que leemos la Palabra de Dios ocurre algo espiritual que hace que nuestra fe aumente, y existen también formas prácticas que pueden ayudarnos a ejercitar el músculo de la fe. Muchas veces los niños tienen momentos con malestares que consideramos "normales"; pero uno de esos días yo quise "poner a prueba" el tamaño de mi fe. En otras ocasiones, cuando veía a mis hijos con algún problema de salud simplemente los hubiera medicado de acuerdo con las indicaciones del doctor, mucho reposo y ¡listo! Pero esta vez quería que fuera diferente.

Había leído acerca de David y de cómo su fe empezó a crecer al ejercitarla luchando y derribando poco a poco leones y osos. Luego, el Señor, viendo que su medida de fe aumentaba, lo llevó a luchar contra Goliat, un gigante que bajo ningún pronóstico humano hubiera podido estar en su lista de vencidos, pero sobre quien Dios le dio la victoria.

Ante mi pequeña prueba de fe, fiebre, dolor de estómago y malestar de cuerpo de una de mis hijas, es decir, algo "sencillo" (como lo eran los osos y leones para David), quise orar para que en esta ocasión Cami sanara sin darle medicina como lo había leído tantas veces en la Biblia. Así que oré a Dios y creyendo le dije algo así:

Señor, en el nombre de Jesús yo declaro que Camila ya es sana, que no hay enfermedad en ella porque Cristo se llevó la enfermedad en la cruz. Cristo murió por la fiebre de Cami, así que esto ya es una victoria para ella. Amén.

Después de bañarla, me fui a dormir confiada.

A la madrugada, como toda mamá responsable, me desperté a verla, le tomé la temperatura ¡y ella estaba totalmente sana! Ni ese día, ni los días siguientes, volvió a sentir algún malestar. La enfermedad se había ido de ella.

Por la poca fe que tienen, [Jesús] —les respondió—. Les aseguro que, si tuvieran fe tan pequeña como un grano de mostaza, podrían decirle a esta montaña: "Trasládate de aquí para allá", y se trasladaría. Para ustedes nada sería imposible.

(Mateo 17:20)

PRUEBA TU FE EN LAS COSAS PEQUEÑAS Y SU MEDIDA AUMENTARÁ DE TAL FORMA QUE PODRÁ SER USADA EN GRANDES COSAS.

MEDITA

Lee en 1 Samuel 17 la anécdota bíblica donde David vence a Goliat y contesta:

¿Cómo crees que Dios preparó a David tiempo atrás para esa batalla?

_____

_____

Piensa y escribe tres virtudes del carácter que tenía David:

1. _____

2. _____

3. _____

¿Qué crees que fue determinante para que David tuviera la victoria?

_____

_____

¿Qué actitud crees que le estorbaría a Dios de ti para hacerte un vencedor?

_____

_____

EJERCITA TU MÚSCULO ESPIRITUAL

Imagina que tienes tres semillas de mostaza, y por pequeñas que parezcan las usarás para vencer en tres circunstancias difíciles (tus "Goliats") que estés enfrentando. ¿Cuáles serían esas circunstancias?

_____

_____

Ahora, y como un acto de fe, pega una semilla de mostaza o dibújala junto a cada una de las frases que describen "tus gigantes". Dedica cinco minutos cada día para orar y buscar la guía de Dios en su Palabra. Al final de la semana escribe cuál fue la estrategia que Dios te dio en cada situación para vencer y ganar como David, y comprueba cómo creció tu fe.

Recuerda que le hablas a Dios a través de la oración y Él te responde por medio de su Palabra (la Biblia).

Primer gigante:

_____

Estrategia:

_____

Segundo gigante:

_____

Estrategia:

_____

Tercer gigante:

_____

Estrategia:

_____

TIERRA FÉRTIL

En tu país ninguna mujer abortará ni será estéril.
¡Yo te concederé larga vida!
—Éxodo 23:26

Andrea había asistido a la iglesia por primera vez. Esa mañana, antes de que empezara la predicación, nos tomamos un tiempo para platicar en las sillas que estaban fuera del lugar de reunión. Ahí me contó su historia. Ella no había podido embarazarse durante el tiempo que llevaba de casada. Me habló sobre el temor que tenía de ser estéril, y de aquellos análisis clínicos que se había hecho durante los últimos meses, pero que no eran alentadores.

Después de un momento de escucharla y entenderla, me di cuenta de que lo único y más poderoso que tenía para ofrecerle era una oración de fe. En seguida y sin muchos rodeos le pedí que me dejara orar por ella, y me permitió hacerlo. Entonces oré a Dios, al tiempo que recordaba su promesa de fertilidad y rogaba para que fuera cumplida en su amada hija Andrea.

Es gracias a la respuesta amorosa de Dios y a su voluntad que es *"buena, agradable y perfecta"* (Romanos 12:2), que Andrea hoy tiene a su lado a un hermoso hijo. Dios la ha sanado de aquello que le impedía ser mamá, así como liberado del temor que la condenaba y obstaculizaba para recibir las bendiciones que corresponden a una hija del Dios todopoderoso.

La historia bíblica de Raquel, mujer de Jacob, tiene una gran familiaridad con aquellos hogares que enfrentan obstáculos de diversas naturalezas acompañados de dolor y frustración para poder concebir, pero que siguen en la espera de cumplir el anhelo de ser padres. Sin embargo, como en los días de Raquel, hoy nos corresponde ceder a Dios el tiempo y la respuesta: "Sí", "No", "Espera" o "Será de otra manera".

Sé que apegarnos a las promesas de Dios, someternos a su voluntad y descansar en Él es el mejor camino para ver cumplidos nuestros sueños. Sus respuestas siempre vendrán acompañadas por el regocijo y la paz que estamos buscando. Sabemos que no solo existen matrices estériles, también hay relaciones que parecieran no tener futuro, corazones secos, mentes limitadas y negocios infructíferos. Pero cualquiera que sea el área donde no veas la multiplicación, Dios tiene el poder de darte fruto, un fruto bueno y duradero.

En el libro de Génesis, capítulo 30, leemos acerca de cómo siempre estamos en la mente de Dios, Él no deja de escucharnos y sus planes se extienden por encima de los nuestros.

Pero Dios también se acordó de Raquel; la escuchó y le quitó la esterilidad. Fue así como ella quedó embarazada y dio a luz un hijo. Entonces exclamó: «Dios ha borrado mi desgracia». Por eso lo llamó José, y dijo: «Quiera el Señor darme otro hijo». (Génesis 30:22-24)

LOS SUEÑOS DEBERÍAN CONCEBIRSE EN LA MENTE, IMPLANTARSE EN EL CORAZÓN Y NACER EN UNA REALIDAD DE AMOR.

MEDITA

¿Conoces a alguna pareja que esté en la lucha por concebir?

¿Acaso tú y tu pareja pasan por una situación así o sientes que estos miedos te rodean?

¿Te sientes "estéril" en otras áreas de tu vida? ¿Cuáles?

EJERCITA TU MÚSCULO ESPIRITUAL

Te invito a leer todo el capítulo de Génesis 30 y reflexionar sobre ciertos aspectos que podemos aprender de la vida de Raquel.

¿Cuál es el sentimiento de Raquel hacia su hermana Lea?

¿Cuál es la respuesta de Jacob ante la insistencia de Raquel?

¿Qué deja entrever la "solución" que Raquel propuso para "tener hijos"?

Reflexiona: ¿son correctas las motivaciones de tu corazón para recibir eso que pides a Dios con insistencia?

¿Hasta dónde debemos llegar buscando "soluciones" a los problemas que enfrentamos?

¿Quién tiene la última palabra ante la esterilidad de cualquier área de tu vida?

Ora al Señor sobre lo aprendido en este pasaje.

EL PODER DE LO QUE EN REALIDAD TE GUSTA

Cada uno es tentado cuando sus propios malos
deseos lo arrastran y seducen.
—Santiago 1:14

He visto gente talentosa vivir en el fracaso; gente linda en caminos feos; hombres y mujeres llenos de luz, pero andando en la más profunda oscuridad. Es ahí cuando me pregunto, ¿será acaso el destino lo que nos mueve? ¿O es aquello que nos gusta hacer lo que influye realmente en nuestras decisiones y determina la forma en la que nos conducimos hacia el futuro?

Escuché una anécdota acerca de un hombre que quería dejar de fumar. Echó mano durante años de todo lo que había para abandonar ese vicio que lo estaba enfermando: visitó doctores, terapeutas, hizo tratamientos, y también le pedía a Dios todos los días la voluntad para poder dejarlo. Sin embargo, veía pasar los años sin ver resultados.

Un día, se encuentra con un amigo suyo a quien no veía hacía muchos años. Un amigo junto al que fumaba en sus años de juventud y quien lo superaba por mucho en la cantidad de cigarros que consumía al día. Durante la plática, el hombre, mientras tosía, le expresó a su amigo su frustración por no poder dejar de fumar durante años. Su amigo, extrañado, le contó por el contrario cómo en un solo día dejó de fumar y nunca más recayó en el vicio. Al preguntarle el secreto de su logro, el amigo contestó: "Creo que el único secreto fue que decidí que ya no me gustaba el cigarro y ese mismo día lo dejé". Y añadió: "Creo que el problema contigo radica en que no importa qué tantos esfuerzos hagas, te gusta, y eso dirige tu voluntad".

Hay situaciones tan dolorosas en las que estamos envueltos hoy en día, que por el simple hecho de lastimarnos deberían darnos el motivo suficiente para decir *ya no más*. El problema es que en el fondo son cosas que nos siguen gustando, y para un alma vacía y viciosa esa es en realidad la verdadera razón por la que no podemos dejar aquello que en verdad nos daña.

Para nuestra mala fortuna, la voluntad del hombre no se conduce por aquello que le hace bien, sino por la autoridad que les da a las cosas que le gustan, pues por nocivas que sean ya las conoce y se ha acostumbrado a ellas, resultándole "más fácil" seguir así.

DESDE LA PERSPECTIVA DEL APÓSTOL PABLO, VIVIR SOLO POR LO QUE NOS GUSTA ES VIVIR BAJO EL YUGO DEL PECADO.

Porque en lo íntimo de mi ser me deleito en la ley de Dios; pero me doy cuenta de que en los miembros de mi cuerpo hay otra ley, que es la ley del pecado. Esta ley lucha contra la ley de mi mente, y me tiene cautivo. ¡Soy un pobre miserable! ¿Quién me librará de este cuerpo mortal?   (Romanos 7:22-24)

EL FIN DE LAS EXCUSAS ES EL PRINCIPIO DEL CAMBIO.

MEDITA

¿Cuáles son esos "gustos culposos" bajo los que vives y que te están haciendo daño? Escríbelos y reflexiona sobre lo que una decisión valiente de dejarlos podría hacer a largo plazo.

_____

_____

_____

_____

EJERCITA TU MÚSCULO ESPIRITUAL

Siempre es tiempo de decir ¡no más! a algo si nos está perjudicando. Nunca es tarde. Hoy puede ser el día de dejar ese vicio o el tiempo perfecto para abandonar ese modo de vivir que te ha estado dañando por años. ¡Decídelo ya!

Escribe el compromiso que haces hoy con Dios y contigo de dejar de vivir como esclavo de aquello que te gusta, pero te daña. Lee y vuelve a leer Romanos 7:22-24 para que cobres ánimo espiritual ante esta valiente decisión.

_____

_____

_____

_____

_____

VERDADES QUE CALLAN MENTIRAS

No te sobrevendrá ningún mal,
ni plaga se acercará a tu morada.
—Salmos 91:10

Temporada de invierno entre 2010 y 2011, y de nuevo la epidemia de influenza se hizo presente. Para esta época se habían registrado más de 72.000 casos confirmados del virus AH1N1 (el virus de la influenza) en México, lo que generó paranoia colectiva. Pero en medio de esto, nosotros estábamos creyendo en la promesa de un Dios protector.

Una noche, me doy cuenta de que nuestra hija tenía fiebre de 39 grados; la recomendación clínica era aún no medicar hasta hacer la prueba de laboratorio. Así lo hicimos; mientras tanto, recurrimos a los remedios caseros para lograr controlar la temperatura y poder pasar la noche.

A la mañana siguiente, decidimos hacerle a nuestra hija la prueba de influenza, aunque no tenía otros síntomas. Al recibir los resultados directamente del laboratorio, la pediatra nos pidió llevar a Cami inmediatamente al hospital, ya que el resultado había salido positivo para AH1N1.

Debo confesar que me quedé desconcertada. Aún más, me sentía avergonzada, pues verdaderamente mi fe era firme en la promesa del Salmo 91 y así lo profesaba. Por lo que en el camino junto con mi pequeña empezamos a declarar promesas de Dios en voz audible: "Ninguna plaga llegará a nuestro hogar" ... "Jesús cargó en la cruz todas nuestras dolencias". Mientras lo decía, no dejaba de escuchar, por otro lado, aquella voz del enemigo diciéndome: ¡Mira!, salió positiva, todo es una mentira, la plaga sí te tocó. Por lo que declaraba todavía con más fuerza las promesas de Dios.

Cuando llegamos al consultorio, la doctora revisó a Cami, nos miró y dijo: "Pues muy bien, no había visto una niña de cinco años así de fuerte y resistente a este tipo de virus. Sabemos con claridad que el virus está ahí por el resultado de la prueba, pero no ha podido hacerle ningún daño a esta nena, ella no ha desarrollado la enfermedad".

Camila me volteó a ver y sonrió, cómplice con Jesús y conmigo, pues sabíamos que aquella resistencia a la enfermedad era nada más y nada menos que la sangre de Jesús sobre ella.

Escuchar la voz de Dios y no prestarle oídos a la voz del diablo es una batalla diaria del creyente. La Biblia nos muestra que esta batalla es una realidad y por eso debemos estar alertas, pero al mismo tiempo confiados en Aquel en quien hemos creído.

Desde el principio [el diablo] ... ha sido un asesino, y no se mantiene en la verdad, porque no hay verdad en él. Cuando miente, expresa su propia naturaleza, porque es un mentiroso. ¡Es el padre de la mentira! (Juan 8:44)

Yo les he dicho estas cosas para que en mí hallen paz. En este mundo afrontarán aflicciones, pero ¡anímense! Yo he vencido al mundo. (Juan 16:33)

EL MIEDO TIENE UN OLOR MUY PARTICULAR QUE ATRAE A LOS ENEMIGOS. ¡NO TEMAS! ¡CREE!

MEDITA

La última vez que tuviste fe y las cosas no salieron como pensabas, ¿perseveraste en creer a la voz de la Palabra de Dios o cediste fácilmente a la voz del enemigo?

EJERCITA TU MÚSCULO ESPIRITUAL

Por años hemos escuchado mentiras sobre nuestra imagen, capacidades comportamiento o el futuro de nuestra salud; palabras que muchas veces han marcado lo que somos y hacemos. Qué tal si hoy haces una lista de algunas de esas mentiras y silenciamos esas voces con las verdades de Dios. Por ejemplo:

MENTIRAS

No te puedes contener, eres una persona sin control.

VERDADES

Yo puedo controlarme, tengo dominio propio.

Pues Dios no nos ha dado un espíritu de timidez, sino de poder,
de amor y de dominio propio.   (2 Timoteo 1:7)

Ahora es tu turno. Escribe tus luchas en la columna de Mentiras, busca un versículo bíblico para fortalecerte en esta área y escríbelo en la columna Verdades. Si tienes una aplicación de Biblia en tu celular, te será de mucha ayuda también.

MENTIRAS   VERDADES

SEMANA VEINTE

SI ES IMPORTANTE PARA TI, ES IMPORTANTE PARA DIOS

Deléitate en el Señor,
y él te concederá los deseos de tu corazón.
—Salmos 37:4

Muchas veces pensamos que Dios tiene una agenda tan ocupada que pensar en hacerle peticiones "banales" nos genera cierta vergüenza y hasta sentimos culpa. Pero con el paso de los años, en mi caminar con Cristo me he dado cuenta de que no debería ser así. Para Dios es importante cada cosa que nos afecta, aunque esto pareciera una tontería comparada con las necesidades mundiales.

Mi esposo llegaba de Holanda aquel día y la maleta venía llena de regalos para todos, entre los cuales había unos curiosos y originales juegos de memoria con fichas de chocolate suizo, a los que nuestras pequeñas no se pudieron resistir e inmediatamente empezaron a comer. Bastaron solo unas horas para ver cómo la piel del estómago y las piernas de una de nuestras hijas estaba llena de sarpullido, lo que nos obligó a llevarla al pediatra. Al revisarla, la doctora nos dijo que era una alergia alimentaria.

En casa siempre hemos cuidado el comer sano, y una pequeña porción de chocolate de vez en cuando era permitida desde siempre, por lo tanto, sabíamos que no eran alérgicas al chocolate. Pues resulta que nuestra hija había desarrollado una alergia al probar ese nuevo y sofisticado chocolate suizo.

Enseguida no se hicieron esperar las prohibiciones de todos aquellos alimentos que produjeran algún tipo de alergia. Quienes tienen hijos, sobrinos, primos o hermanos pequeños sabrán que ellos disfrutan al máximo su libertad al comer de todo, y que realmente es difícil para todos vivir con estrictas restricciones alimentarias.

Seguimos entonces con rigor la dieta y el tratamiento, viendo cómo le costaba mucho a nuestra hija mantenerse firme durante las horas de escuela, las fiestas y en general en la vida diaria.

Pasaron los meses y perdimos un poco la rigidez en el cuidado de la alimentación antialérgica y la vida siguió transcurriendo con normalidad.

Uno de los días en que mi hija me vio escribiendo este libro —que sabía era sobre milagros—, me dijo: "Mami, ¿te has dado cuenta de que ya no soy alérgica al chocolate y a nada; que ya como normal y no he vuelto a tener alergia?". Es verdad, Cami está sana.

Al pensar en cosas como estas me hace sentido repetirme esta frase que ahora ya es parte de mí: *Si es importante para mí, es importante para Dios.* Algo tan sencillo como comer chocolate era importante para mi pequeña, por lo que se hizo importante para Dios.

Cuando pienso en las cosas que nos pasan, imagino a Dios desde el cielo moviendo nuestras vidas inteligentemente y con cuidado como en un tablero de ajedrez. Siento cómo cada movimiento está pensado para enseñarnos algo, para bendecirnos y cuidarnos; en definitiva, para cumplir un propósito.

No tengas miedo de anhelar algo. Dios, el mismo Dios que se ocupa de las cosas más relevantes que pasan en el mundo, también está interesado en nuestro éxito y nuestra felicidad.

PRECAUCIÓN: es importante no confundirnos pensando que la bendición que viene de su mano es la paga o remuneración por nuestras buenas obras. No y mil veces no. Dios ofrece un amor desinteresado por nosotros porque esa es su naturaleza.

> ### LA FIDELIDAD DE DIOS NO ES UN REFLEJO DE MI FIDELIDAD, ES SOLO PARTE DE SU NATURALEZA.

MEDITA

Reflexiona sobre Mateo 7:11. Lee cómo un padre bueno provee a sus hijos de lo mejor. Escríbelo con detenimiento en tus propias palabras.

_____

_____

_____

_____

_____

EJERCITA TU MÚSCULO ESPIRITUAL

¿Tienes peticiones "banales" que hacerle a Dios, algo que sea importante para ti, aunque para nadie más lo sea? Estoy segura de que serán muchas y de diferentes tipos. Haz una lista y recuerda, ¡también son importantes para Él!

_____

_____

_____

_____

_____

LA ARMADURA DE DIOS

*Pónganse toda la armadura de Dios para que puedan hacer
frente a las artimañas del diablo.*
—Efesios 6:11

Era febrero del 2010, y como de costumbre, cada miércoles Oliver asistía a nuestra casa para el estudio bíblico. Esta vez, al terminar la charla, noté que quería hablar con nosotros en privado, así que al quedar vacía la sala, nos sentamos y nos platicó que habían secuestrado a su esposa.

Oliver y Karen estaban recién casados y acababan de regresar de su luna de miel unos días antes de aquel desafortunado momento. Durante esos años en México, escuchar estas historias en la televisión o en la radio se había vuelto frecuente, pero para nosotros era la primera vez que alguien conocido pasaba por esta triste, preocupante y peligrosa situación. No tuve palabras para expresar mi lamento y solamente me ofrecí a estar orando intensamente por el pronto rescate de su joven y amada esposa.

Este desafortunado evento coincidió con el primer mes de nacida de nuestra hija Gala. Yo aprovechaba cualquier madrugada en la que alimentaba a la bebé para orar por esta pareja. Recuerdo en especial una noche que soñé algo muy fuerte y específico para mí. En aquel sueño estaba yo orando por Karen y sentía que Dios me decía: *Quiero que ores por ella como si fuera tu pequeña hijita.* En ese momento desperté con un dolor muy profundo por ella, pues la imaginaba en una esquina con los ojos vendados y llena de miedo, y entonces, empecé a clamar como una madre clamaría por sus hijos.

Al día siguiente, en el estudio bíblico semanal, les conté a los asistentes lo que había soñado (para este tiempo, nuestro amigo ya había hablado abiertamente del tema con todos), y en un acto totalmente guiado por el Señor nos postramos y empezamos a reclamar la vida y la libertad que Cristo había pagado por ella. Oramos por todo aquello que Dios nos mostraba. Fue realmente especial y milagroso ver cómo en unos pocos días ella había sido liberada, y además toda su familia estaba profundamente sensible por el poder liberador del Señor ante ese desafortunado evento.

Sé que ese día que intercedimos por ella en el piso, todos clamando, hubo una batalla por su vida y Cristo venció. Así es la promesa del Salmo 91:

> Solo él puede librarte de las trampas del cazador y de mortíferas plagas, pues te cubrirá con sus plumas y bajo sus alas hallarás refugio. (...) Yo lo libraré, porque él se acoge a mí; lo protegeré, porque reconoce mi nombre. (vv. 3,4;14)

Sin duda, Dios escucha el clamor de su pueblo.

DE RODILLAS SIEMPRE SOMOS MÁS ALTOS QUE CUALQUIER CIRCUNSTANCIA.

MEDITA

Las luchas que enfrentamos en este mundo son en lo profundo batallas espirituales contra poderes de la misma naturaleza, y se pelean con armas de milicia espiritual. Poner la seguridad de nuestras vidas únicamente al resguardo de las armas humanas o de nuestra habilidad de reacción es un esfuerzo estéril comparado con la poderosa protección y dirección que Dios provee en su Palabra.

Lee Efesios 10 y dibújate a ti mismo con toda esa armadura espiritual con la que desde hoy puedes andar protegido.

EJERCITA TU MÚSCULO ESPIRITUAL

¿Cuáles consideras que son esos enemigos espirituales con los que has batallado por años? Acaso maldiciones generacionales, depresión, soberbia, desánimo, una enfermedad, dudas, mentiras, etc. Escríbelos uno a uno para que los identifiques y toma un tiempo de oración sobre ellos para que comiences a vivir conforme al poder de quienes portan la armadura espiritual.

AVIVAMIENTO: UN CAMBIO DE CONCIENCIA

Ustedes nunca van a creer si
no ven señales y prodigios —le dijo Jesús.
—Juan 4:48

Era septiembre de 2011 y estaba lista para un gran avivamiento espiritual. Bueno, más que estar lista, me urgía un gran encuentro con Dios y por eso atendí a la invitación de mi amiga Talía a un congreso de señales, milagros y prodigios que se llevaría a cabo en Houston, Texas. A pesar de no saber inglés muy bien, sabía que mis ojos y mi espíritu no tenían que traducir idiomas, así que junto con cuatro amigas emprendimos el viaje.

Llegamos a los Estados Unidos e inmediatamente fuimos a la primera tarde de milagros. Este libro que tienes en tus manos es precisamente uno de milagros y claro que creo en el poder de Dios para hacerlos. Pero aquello que estaba por ver ahí era algo que me llevaría a otro nivel de fe: los milagros creativos de Dios.

Debo reconocer que la primera noche salí algo incrédula, hasta me atrevo a decir que estaba un poco molesta, pues era demasiado nuevo lo que había visto. Pero de ahí surgió la primera lección que aprendí de aquel viaje, y es:

AUNQUE NUNCA HAYAS VISTO UN MILAGRO, NO LOS ENTIENDAS O NO ESTÉS ACOSTUMBRADO A ALGO ASÍ, NO SIGNIFICA QUE NO EXISTAN.

En una de las reuniones, un hombre aseguraba (y se veía) estar bañado de polvo de oro durante varios meses (y eso a pesar de bañarse a diario). Había gente que se reía y se movía de manera muy extraña, como teniendo un trance del espíritu. Y había una lluvia especial de amor que brotaba de cada persona que visitaba el lugar.

Ahora que lo pienso, creo entender lo que le estaba sucediendo a los fariseos en el tiempo de Jesús, quienes viendo todas las cosas que Él hacía fuera de lo convencional, eran confrontados con la necesidad de un cambio, y eso fue demasiado para muchos de ellos.

Pues ahí estaba yo, saliendo de aquella primera noche de congreso. Íbamos en un extraño silencio de camino a la casa en la que nos estaban hospedando. En realidad, todas estábamos calladas, hasta que Talía (quien ya llevaba un tiempo disfrutando de este mover sobrenatural) me preguntó: "Qué tal, ¿cómo te pareció?". Aunque quise disimular (que no se me da), le dije: "¡Ay, no, Talis, esto está muy loco para mí! Creo que, si esto es de Dios, Él me va a convencer personalmente de que es verdad, de que ese hombre no está lleno de brillantina, de que la gente no se mueve así por exagerada y religiosa... en fin, no quiero hablar más". Todo regresó al silencio; y luego vino un rápido cambio de tema por parte de una de mis amigas más prudentes.

Fuimos a dormir, y en la cama le expresé a Dios tal y como me sentía. Le dije también: "Dios, si todo esto viene de ti, que no me quede duda".

Al día siguiente —porque la misericordia de Dios es nueva cada mañana—, amanecí con ganas de probar y aprender más de aquellas cosas extrañas. Y fue así como en pocas palabras ¡Dios me sorprendió!, pues terminando el primer bloque de conferencias, pasamos adelante para que oraran personalmente por cada una de nosotras. Mientras esperaba en la fila, veía cómo la mujer que dirigía la oración al estar con cada persona delante de mí hacía movimientos y ruidos extraños, y entonces me repetía a mí misma una y otra vez: *Carolina, no te vas a reír, por favor, Carolina... ¡espíritu de burla, vete de mí!*, hasta que llegó mi turno.

Solo me paré frente a ella y empecé a moverme de la manera más extraña, como si alguien me empujara de las caderas y del vientre. Ella me decía de parte de Dios las cosas que yo había estado hablando la noche anterior en oración con Él, y me dijo que a Dios le gustaba la curiosidad que tenía. Luego, en un momento dijo: "Dios hoy pone fuego en tu boca, hablarás con fuego (pasión)"... y caí al piso. Mi lengua se había empezado a mover sola y se sentía como cuando tomas un café caliente y te quemas la lengua, pero sin dolor, sensación que me duró el resto del congreso. La muy recatada Carolina había hecho todo un *show* y ahora estaba convencida de que ese era el poder de Dios y no las emociones humanas.

Pero ¿y el hombre con brillantina? Esa noche, todas las pláticas, al igual que la alabanza, fueron experiencias sobrenaturales. De repente llegó Karen, la amiga de Talía, quien nos estaba hospedando en su casa. Ella iba por primera vez y traía a su pequeño de un año y medio dormido en su carreola y con el plástico cubre coches por el frío. En la primera oportunidad que tuve me acerqué a saludarla y el bebé se despertó. Al sacarlo del cochecito, ¡su cuerpo estaba lleno de polvo de oro!, más pequeño, pero igual que el de aquel hombre. Así que una vez más, Dios, en su inmenso amor, me mostraba que sus prodigios superaban mi mente. Sin más preguntas entendí que no era brillantina el brillo de este especial hijo de Dios.

En aquel congreso vimos milagros, sanidades, gente que nunca había caminado y se ponía en pie, en fin, a Dios en su máxima expresión.

EL PODER CREATIVO DE DIOS SUPERA LA RAZÓN ALCANZADA POR EL HOMBRE.

MEDITA

¿Qué viene a tu cabeza cuando lees este relato? ¿Crees en milagros? ¿Te pasaría lo mismo que a mí si lo vivieras por primera vez? ¿O ya has experimentado algo así?

EJERCITA TU MÚSCULO ESPIRITUAL

Si esto nunca te había pasado por la cabeza, es momento para dejar que Dios te sorprenda y te muestre su poder creativo de manera personal. Echa un vistazo a la Biblia y lee sobre los milagros creativos de Dios, y verás cómo aquellas cosas que para algunos eran extrañas, confrontaron la fe de muchos.

Éxodo 7:8-12

La vara se convierte en serpiente.

Éxodo 7:17-19

El mar se convierte en sangre.

Juan 2:7-11

Jesús convierte el agua en vino.

Juan 9:6-7

Jesús sana a un ciego con lodo.

Hechos 2:1-4

Los discípulos hablan en diferentes lenguas.

CIRUGÍA ESTÉTICA CELESTIAL

*No temas, porque no serás avergonzada. No te turbes, porque
no serás humillada. Olvidarás la vergüenza de tu juventud....*
—Isaías 54:4

La semana pasada te conté mi experiencia en aquel congreso de señales, milagros y prodigios en la ciudad de Houston. Esta semana quiero resaltar una de las señales que no solamente llamó mi atención, sino que me dejó una gran enseñanza espiritual para la vida.

El último día del congreso fue a predicar un hombre llamado James Maloney. Te cuento un poco sobre él. Es el presidente de *Dove on the Rise International*, y representa una voz profética grandemente respetada alrededor del mundo con un manto de impartición apostólico y paternal. Su expresión está marcada por un poderoso flujo de señales y maravillas, fuertemente orientado hacia la curación de la mente, el alma y el cuerpo.

Dirigido por el Espíritu Santo, Maloney se mueve en una línea profética tal, que son revelados sobrenaturalmente detalles específicos sobre las condiciones de las personas, creando así fe en Jesucristo para recibir su milagro. Solo para la gloria y el honor de Dios, este flujo milagroso se ha utilizado constantemente para disolver el metal en los cuerpos de las personas, para crear o recrear miembros, para desaparecer tumores y marcapasos, para abrir los ojos ciegos, los oídos sordos y mucho más. James ha enseñado en escuelas bíblicas por más de veinte años.

Se encontraba conmigo escuchando a James Maloney una de mis amigas que viajó desde México con nosotras y quien había tenido un pasado complicado con la fiesta y las drogas. Ella es hoy un gran testimonio de restauración y está totalmente libre de toda adicción. Sin embargo, a lo largo del tiempo habían tenido que reconstruirle su nariz varias veces y tenía aún algunas desviaciones y cavidades a lo largo del tabique. Sé en lo profundo de mi corazón que muchas veces esto la avergonzaba. Era como haber sido perdonada, pero no restaurada del todo. Sin embargo, cuando este hombre oró para que Dios hiciera milagros creativos, todas la animamos a que pasara al frente para que oraran por eso que ella anhelaba.

Después de una larga fila llegó su turno, y delante de nuestros curiosos ojos pudimos ver cómo el poder de Dios rellenaba el poco de cartílago que le faltaba. ¡Fue sorprendente! Ella cuenta que sintió su nariz caliente mientras oraban; y en menos de unos minutos, Dios estaba mostrando su poder restaurador.

A veces pensamos que Dios perdona nuestros pecados, pero que debemos llevar una marca de por vida que nos haga recordarlo; es como si parte de nosotros nos dijera que merecemos esa marca por haber sido pecadores. Si bien es cierto que las consecuencias naturales de nuestras equivocaciones se viven, Él nos hace libres de la maldad de ese pecado.

Sé que la más importante y mejor parte del perdón de Dios es la libertad espiritual y la restauración, pero no está de más creer en Dios para ajustar esos pequeños detalles que a veces nos hacen sentirnos avergonzados por nuestro pasado.

Si confesamos nuestros pecados, Dios, que es fiel y justo, nos los perdonará y nos limpiará de toda maldad.   (1 Juan 1:9)

EL PERDÓN ES TAMBIÉN RESTAURACIÓN.

MEDITA

Dios es un hacedor de milagros y comparte esta gracia con sus hijos. Si hoy conservas alguna marca aun cuando sabes que Dios te ha perdonado, pero quieres que Él borre todo sentimiento de culpa, te invito a que con tus propias palabras ores a Dios, aplicando el principio de poder que tenemos en su nombre y del que nos habla Juan 14:12-14:

Ciertamente les aseguro que el que cree en mí las obras que yo hago también él las hará, y aun las hará mayores, porque yo vuelvo al Padre. Cualquier cosa que ustedes pidan en mi nombre, yo la haré; así será glorificado el Padre en el Hijo. Lo que pidan en mi nombre, yo lo haré.

Escribe tu propia oración:

_____

_____

_____

_____

EJERCITA TU MÚSCULO ESPIRITUAL

Te invito a que durante esta semana le pidas a Dios que extienda tu fe.

Fe y tal vez un poco de curiosidad son los ingredientes necesarios para empezar a ver y ser parte del mover milagroso de Dios. Las Escrituras nos enseñan que "la fe viene por el oír de la Palabra de Dios" (Romanos 10:17). Así que vamos a leer juntos en voz alta estas declaraciones bíblicas y hagámoslas personales.

Es, pues, la fe la certeza de lo que (se espera) __(espero)__ la convicción de lo que no (se ve) __(veo)__ (Hebreos 11:1).

E inmediatamente (el padre del muchacho) _(Pon tu nombre)_ clamó y dijo: Creo; ayuda mi incredulidad (Marcos 9:24).

Pero Jesús, luego que oyó lo que se decía, dijo al principal de la sinagoga: No temas, __(tu nombre)__ cree solamente (Marcos 5:36).

Por la poca fe que tienen —les respondió—. Les aseguro que, si tuvieran fe tan pequeña como un grano de mostaza, podrían decirle a esta montaña: "Trasládate de aquí para allá", y se trasladaría. Para ustedes nada sería imposible. (Mateo 17:20)

¿Cuál es esa montaña en tu vida?

¿No te dije, __(pon tu nombre)__, que si crees, verás la gloria de Dios? —le contestó Jesús (Juan 11:40).

¿PROBLEMAS CON LOS TIEMPOS?

—Ese hombre que se llama Jesús hizo un poco de barro, me lo untó en los ojos y me dijo: "Ve y lávate en Siloé". Así que fui, me lavé, y entonces pude ver.

—Juan 9:11

Quiero contarte que en mi caminar con Cristo he vivido y aprendido también acerca de aquellos milagros que no ocurren al instante. Pienso que vale la pena resaltar el factor tiempo que también influye a la hora de recibir un milagro. Muchas veces el tiempo puede robarnos la fe y causar desánimo; pero también puede ser usado para fortalecernos y entonces poder ver la respuesta de Dios sin perder la esperanza en el camino.

Hoy puedo contarte cómo después de años de oración, sanidad interior y esfuerzos personales, pude ver la respuesta de Dios en algo que afectaba mi vida familiar y personal casi a diario. Hablo de *la ira*. No me había dado cuenta —o tal vez ya me había acostumbrado—, pero hasta hace pocos años pude aceptar que tenía en mí un frustrante y condenatorio problema de ira. El enojo es una emoción totalmente natural; pero cuando está fuera de control se vuelve destructivo y puede conducir a diversos problemas personales y sociales. En general afecta la calidad de vida de una persona.

La ira te hace sentir muchas veces que estás a merced de una emoción imprevisible y poderosa, y sí, ¡así me sentí durante muchos años! La falta de sanidad en mis emociones me hacía explotar con cualquier obstáculo que enfrentaba en la vida. Fueron años de tratar de controlarla: consumir tés relajantes, hacer ejercicio, ir a terapias y mucha oración fueron algunas de las herramientas a las que recurrí. Pero había momentos donde sentía que no me servían de nada y me descubría cayendo una y otra vez en sus agresivas redes.

Un día recordé que en alguna parte la Biblia enseña acerca del dominio propio, y dice que es algo que Dios nos dio desde el principio como un ingrediente que Él puso en nuestro ADN al formarnos. Así que empecé a buscar aquellos versículos que hablaban acerca de la ira y la falta de dominio propio. Ahora sí estaba lista para comprobar esa verdad bíblica de Hebreos 4:12 que me ponía una esperanza sobre la mesa:

Ciertamente, la palabra de Dios es viva y poderosa, y más cortante que cualquier espada de dos filos. Penetra hasta lo más profundo del alma y del espíritu, hasta la médula de los huesos, y juzga los pensamientos y las intenciones del corazón.

Entonces me puse manos a la obra; apunté en papelitos cada palabra que pudiera penetrar mi espíritu, cambiar mi corazón, sanarlo y hacerme libre. La cita de 2 Timoteo 1:7 fue uno de los versículos que encontré y pegué en el tablero del coche, en el espejo de mi baño, en la cocina, en la sala...; lo hice tan mío que estoy convencida de que creerlo y entenderlo produjo toda la diferencia en mí:

Pues Dios no nos ha dado un espíritu de timidez, sino de poder, de amor y de dominio propio.

Cuando leí esto, las primeras veces me preguntaba: *¿Por qué si Dios ya me dio un espíritu de dominio propio, yo sigo pidiendo por dominio propio?* No tiene caso pedir algo que ya tenemos. El verdadero reto está en creer que eso que Dios dice que nos dio ya lo tenemos dentro de cada uno de nosotros; que Jesús pagó un precio muy alto por nosotros en la cruz y fue allí mismo crucificada nuestra dolencia. Solo al creerlo podemos usar las herramientas de sanidad que nos ha dado para reflejarlo. Cuando esta enseñanza cayó en mi corazón, me dispuse a creerlo y declararlo una y otra vez. Empecé a tener momentos cada vez menos frecuentes de debilidad (aquellos donde mis dientes se apretaban y desconocía la fuerza que salía de mí). Y decidí entonces creer que estoy dotada de dominio propio.

No solo se trata de nosotros quienes padecemos la ira y luchamos en algún momento, sino que se trata también de la gente a nuestro alrededor que ha sido afectada por nuestro carácter, pues muchos de esos afectados, al vernos caer una y otra vez, nos juzgan con razón humana. Esto se convierte en una afrenta con testigos y jueces constantes, y nos lleva a pensar que jamás saldremos de tal problema. Cuando eso pase, solo recuerda que la sanidad emocional profunda que Dios hace lleva tiempo, y que el trabajo de restauración es delicado y específico.

Un día, me percaté de que ese fuego interno de ira que ardía se apagó; mi alma había sanado. Recuerdo que ocurrió algo que verdaderamente me hubiera sacado de mis casillas y me habría hecho perder el control, pero no fue así. La ira finalmente se había ido porque este cuerpo no le pertenecía. Aquellos que al paso de los años me vieron enojándome, o me confrontaron en algún momento, incluso quienes muchas veces hasta se apartaron de mí, ahora están a mi lado porque Dios me ha fortalecido con el dominio propio con el que me creó.

LA LIBERTAD ESPIRITUAL ES ALGO QUE JESÚS YA HIZO. NO PIERDAS LA FE EN QUE PUEDES CAMBIAR.

MEDITA

Recuerda que todo milagro comienza con la humildad.

¿Luchas con alguna debilidad constante? ¿Cuál?

_____

_____

_____

¿Crees que esta debilidad en tu carácter tenga algo que ver con algún episodio de tu niñez o es un comportamiento aprendido?

_____

_____

_____

EJERCITA TU MÚSCULO ESPIRITUAL

Semana tras semana en estas hojas tienes la oportunidad de escribir tu propio libro de milagros, y seguramente habrá algunos de ellos que han requerido tiempo para verlos realizados, o incluso aún no ves cambios en algún área de tu vida. Te invito que a continuación escribas esos procesos que has tenido que pasar en espera de tu milagro.

Lo que esperas que pase
(tu milagro)

El proceso
(los cambios que estás
haciendo)

_____

_____

_____

_____

_____

NUESTROS PENSAMIENTOS

Por último, hermanos, piensen en todo lo verdadero, en todo lo que es digno de respeto, en todo lo recto, en todo lo puro, en todo lo agradable, en todo lo que tiene buena fama. Piensen en toda clase de virtudes, en todo lo que merece alabanza.
—Filipenses 4:8 DHH

"¡O dio madrugar todos los días para enviar a los niños al colegio!".

"¡Seguro este presidente también será un ladrón!".

"¡El tráfico y la polución van a terminar enfermándonos!".

"Este *casting* no tiene sentido, ¡seguramente ya tienen a la elegida!".

Esos fueron algunos de los pensamientos que tuve una semana cualquiera, pensamientos que me hicieron salir de mi casa enojada porque en ese momento no me gustaba nada de nadie allí.

Todos vivimos circunstancias difíciles, temporadas realmente cuesta arriba donde nos enfrentamos a la ardua tarea de vivir en fe. Es en estos momentos cuando cuidarnos de la toxicidad de nuestros pensamientos será un gran aliado para evitar convertirnos en personas que encuentran el punto negro en las hojas blancas del día a día, y que deciden, por pequeños que sean los puntos, convertirlos en la única referencia desde la cual observar la vida; afectando con esto el ambiente y el espíritu del hogar, de su trabajo y en general de todo su entorno.

No hay manera más poderosa de marcar la dirección por la que navegaremos en nuestras vidas que eligiendo conscientemente aquello que pensamos y sentimos, ya que son los pensamientos los que dirigen nuestras acciones, y son nuestras acciones las que determinan por dónde vamos caminando.

Los pensamientos negativos pueden generarnos un enorme enojo con la vida. Entretejen desenlaces verdaderamente predictivos y catastróficos de las circunstancias. Algo que no sucede con los pensamientos de confianza, de ánimo y de fe. Tener nuestra mente llena de esperanza nos hace sentir comprometidos con un cambio interno que genera cosas buenas a nuestro alrededor. Es por esto que Dios nos exhorta en Filipenses a que pensemos en todo lo bueno, lo justo y lo que es de buen parecer.

Una de las maneras más efectivas de tomar el control de nuestras acciones es reconociendo el poder de nuestros pensamientos, desarrollando un control de calidad de aquello que permitimos entrar y crecer en nuestra mente, estableciendo así, antes de actuar, un diálogo interno que depure la toxicidad y saque a flote la realidad sin argumentos personales de dolor o percepción. Los silencios reflexivos, las pausas antes de reaccionar y la eliminación de los juicios internos pueden cambiar nuestra tendencia a dirigirnos por los malos pensamientos.

Pongan en práctica lo que de mí han aprendido, recibido y oído, y lo que han visto en mí, y el Dios de paz estará con ustedes. (Filipenses 4:9)

UN DISCURSO LLENO DE QUEJAS Y DEFECTOS AJENOS SOLO ES EL REFLEJO DE NUESTRAS PROPIAS INCONFORMIDADES.

MEDITA

Durante esta semana, obsérvate y presta especial atención en tus primeros pensamientos de la mañana y en aquellos que tienes antes de dormir. ¿Suelen ser de enojo, queja o angustia? Toma un momento para escribir las cosas que te gustaría pensar en esos momentos de tu día; tal vez quieras empezar tu día con una canción o con agradecimiento, quizá hacer una oración antes de dormir. Recuerda que el antídoto contra la queja es el agradecimiento, el remedio para el juicio es el amor, y la terapia para el temor es la fe.

EJERCITA TU MÚSCULO ESPIRITUAL

Esta semana lee el capítulo 37 del libro de Génesis. Es la apasionante historia de José el soñador. Encuentra al menos tres circunstancias en las que José, con la ayuda de Dios, pudo convertir situaciones difíciles en grandes oportunidades.

Responde:

¿Qué ayudó a José a encontrar la salida en esas situaciones crudas que vivió?

¿Acaso fue el cultivar pensamientos agrios y convertirlos en armas de venganza?

¿O fue esa inteligente habilidad que tenía para pensar en lo bueno y hacerlo el motor de su vida?

SEMILLAS

El que recibió la semilla que cayó entre espinos
es el que oye la palabra, pero las preocupaciones
de esta vida y el engaño de las riquezas la ahogan,
de modo que ésta no llega a dar fruto.
—Mateo 13:22

La Biblia cuenta acerca de una semilla, que al ser arrojada por un sembrador en el campo cayó en mala tierra, una tierra espinosa y árida donde no pudo echar raíces, lo que provocó que al poco tiempo se secara.

Existen momentos en la vida donde tal como ocurrió con esa semilla dejamos que la sabiduría, la sensatez y la enseñanza divina caigan en terrenos áridos e infértiles, terrenos que se plantan con el orgullo, se riegan con los afanes y se asolean con la vanidad, ahogando cada enseñanza y deteniendo el fruto en la vida de muchos creyentes.

De todas las cosas que pueden afectar el crecimiento espiritual de una persona, creo que las más nocivas y engañosas giran en torno a los afanes que el mundo ofrece; las preocupaciones, la vanidad, la soberbia, el qué dirán, son cosas que no alimentan el espíritu y sí engordan los deseos carnales.

Nuestro hombre exterior es insaciable, nos exige, nos compara, nos frustra, y sin la intervención del Espíritu no podemos controlarlo; a diferencia de nuestro hombre interior, que se edifica, se transforma, nunca deja de ser y no tiene límites. Sabemos entonces que crecemos espiritualmente cuando nuestra carne comienza a perder importancia y nos conducimos hacia el lugar donde se valoran los momentos más que las cosas, los sentimientos más que los sentidos y la razón más que la emoción.

Cuando celebramos a mi suegra en sus 75 años, aquel lugar estaba lleno de compañeros que venían caminando con ella desde la niñez y que seguían a su lado durante este largo y fructífero camino de vida. Al llegar a la reunión con mis hijos y ver a tanta gente que no conocíamos pensé que sería solo un evento familiar obligado para algunos, percepción que cambió para todos con el paso de los minutos al entablar conversaciones que nos sumaban sabiduría, multiplicaban nuestras risas, pero sobre todo nos aportaban grandes aprendizajes.

Las edades y formas físicas habían pasado a un segundo plano. Escuchar a varios de esos hombres y mujeres ponía en evidencia que en realidad los afanes terrenales pasan, y que cuando quitamos de en medio la carne, que a veces solo nos estorba, podemos apreciar lo que de verdad somos y dejamos brillar aquello que cada uno construyó en su interior.

Salimos de aquel lugar de celebración confrontados sobre el estilo de vida que a partir de ese momento deberíamos llevar, pues habíamos podido ver cómo del alma de unos emanaba tristeza y frustración por el paso infructífero de los años, pero en otros irradiaba tanta vida, sabiduría y paz que no he visto en los rostros afanados del poder y el éxito actuales.

Debemos cuidar el terreno que le damos a Dios para que siembre su Palabra. Procuremos que sean hectáreas de humildad y tierra ávida de conocimiento para no perder cada día una valiosa cosecha. Edifiquemos el interior. Luchemos por salir de ese círculo vicioso que la sociedad nos marca. Disfrutemos el estar vivos hoy y ahora en la circunstancia por la que estemos pasando. Y sembremos en buena tierra, esa tierra donde crece lo que Dios valora y se plantan las vivencias que sobrepasan y trascienden con el paso de los años.

**NUESTRO CUERPO ENVEJECE CON EL TIEMPO.
UN ESPÍRITU ACTIVO SE VIVIFICA CON LOS AÑOS, NUNCA MUERE,
Y DÍA A DÍA TIENDE A EMBELLECERSE.**

MEDITA

Nombra al menos tres personas que admiras y se han convertido en un ejemplo a seguir en algún área de tu vida. Si puedes, pregúntales cómo edificaron ese rasgo de carácter que tanto aprecias y escríbelo.

EJERCITA TU MÚSCULO ESPIRITUAL

Lee la parábola del sembrador en Mateo 13:18-23 y responde:

¿Cuántos sembradores hay?

¿Cuál fue la semilla que se sembró?

¿Cuántos tipos de tierra hay?

¿Qué características tiene la tierra mala?

¿Qué característica tiene la tierra fértil?

¿Qué sucede con la semilla al caer en cada tipo de tierra mala?

¿Qué sucede con la semilla que cae en la tierra fértil?

¿Cómo consideras que es tu "tierra"?

_____

_____

¿Quién es el sembrador en tu vida?

_____

_____

¿Cuáles son aquellas cosas que hoy están afectando la fertilidad de tu tierra?

_____

_____

¿Qué cambios crees que necesitas hacer para cuidar el estado de tu tierra y hacerla fértil?

_____

_____

A SOLAS

Entonces se separó de ellos a una buena distancia,
se arrodilló y empezó a orar: «Padre, si quieres,
no me hagas beber este trago amargo; pero no se cumpla mi
voluntad, sino la tuya».
—Lucas 22:41-42

A lo largo de la vida me he dado cuenta de cómo las personas tendemos a relacionar la soledad con tristeza y abandono, dándole a tan especial estado una connotación de desdicha. El mal entendimiento de este concepto ha robado al hombre la oportunidad de disfrutar uno de los regalos de tiempo más hermosos que tenemos en la vida: estar a solas.

Cuando vemos la palabra soledad dividida en partes, podemos darle un hermoso significado que nos llena de esperanza: *sol/edad; edad del sol.* Una edad es un momento, una etapa, un lapso. El sol es uno de los elementos más grandes y poderosos de la creación que denota brillo, fuego, fuerza. Por tanto, es *solo* pasando por momentos de *soledad* cuando podemos trabajar en nuestro interior sin interrupciones ni distracciones. Es ese momento íntimo la oportunidad que ninguna persona debería perderse, y la forma de externar la brillantez del espíritu, de encender el fuego de lo que nos apasiona y tomar la fuerza de aquello que funge como motor en la vida.

El libro de Mateo nos enseña el ejemplo de Jesucristo, quien también experimentó la soledad en ese momento crucial de su ministerio en la tierra cuando no quería pasar por el sacrificio en la cruz.

Padre mío, si es posible, no me hagas beber este trago amargo.
Pero no sea lo que yo quiero, sino lo que quieres tú.

(Mateo 26:39)

Jesús sintió intensamente el miedo y la frustración que experimentamos cuando fracasamos o enfrentamos situaciones difíciles. Él sabía que iba a morir, y nos enseñó que a pesar de tener un grupo de amigos en los que podía encontrar consuelo y algunas respuestas, decidió apartarse, buscó la soledad para encontrarse con Él mismo y con su Padre para expresarle su dolor y calmar sus miedos.

No alcanzo a imaginar el dolor en su alma y su corazón al tener que aceptar y enfrentar una situación para la que no se sentía preparado. La Biblia describe que Jesús sudaba gotas de sangre. ¿Sabías que clínicamente, solo en una situación de estrés extremo, el cuerpo puede llegar a sudar gotas de sangre? Jesús lloró sin amigos; pero se apoyó en su Padre, se desahogó. El relato nos dice que en ese momento de soledad consideró delante de Dios si acaso lo que iba a pasar pudiera cambiarse, pero en todo momento aceptó la voluntad divina. Creo que ese nivel de transparencia y sinceridad solo se expresa al experimentar la libertad de estar solo.

En la vida hay tragos amargos que no queremos tomar: problemas sentimentales, económicos, trabajos que no nos gustan, separaciones, sueños frustrados, hijos en rebeldía que laceran el alma, padres abusivos; situaciones que en general debemos afrontar primero en soledad.

Recordar a Jesús pasando por tal prueba nos da el ejemplo para preguntarnos: ¿Qué haría Él si estuviera en mi situación?

¡Confiemos! Y si la prueba sigue siendo dura, ¡confiemos más!, pero no desmayemos. La seguridad de ser sus hijos tiene que ser nuestra bandera, y la fe el timón que mueva todos nuestros sentidos. ¡Dios obrará!, porque nos ama como nadie jamás podrá hacerlo. Él intervendrá en nuestros problemas de la manera menos esperada. Ese será el fruto de disfrutar la soledad de la forma más segura, en sincronía divina.

EL SILENCIO ACOMPAÑA MUCHAS VECES LAS RESPUESTAS DE DIOS. ESPERA, SABIENDO QUE PAPÁ YA ESCUCHÓ TU CLAMOR. ÉL SE ENCARGARÁ.

MEDITA

¿Es el afán más atractivo que la calma? Cuando has buscado estar a solas, ¿cuáles son los mayores enemigos de tu soledad? ¿Cuánto tiempo crees que necesitas para lograr un momento contigo mismo? ¿Puedes regalarte ese tiempo?

_____

_____

_____

_____

_____

EJERCITA TU MÚSCULO ESPIRITUAL

Toma un tiempo a solas y en silencio. Persevera hasta que se enmudezca la preocupación y el afán, vence la incomodidad del silencio y una vez ahí, disfruta del fruto de la soledad que te conecta con el Espíritu Santo.

GRANDES SUEÑOS DE PEQUEÑAS PERSONAS

—Para los hombres es imposible —aclaró Jesús,
mirándolos fijamente—, mas para Dios todo es posible.
—Mateo 19:26

Siempre que pienso en la profesión a la que me dedico, recuerdo que cuando era niña tuve el anhelo de ser actriz. Eran prácticamente nulas las posibilidades de llegar a las grandes ligas —y no exagero; vivía en una pequeña provincia de Colombia, era "el patito feo" de la casa, no poseía algún talento superdotado y además no existía la apertura y fácil acceso a los medios de comunicación que hay ahora.

Un buen día, cuando tenía aproximadamente siete años, mi mamá iba a hacer un viaje a Israel con sus amigas de la iglesia, y como algo especial, nos pidió que escribiéramos nuestras peticiones en un papelito pequeño, el cual prometió que pondría como un acto de fe en el "Muro de los Lamentos", que es el vestigio que quedó del segundo templo de Salomón, convertido en un lugar tradicional de oración y que está en Jerusalén. Dijo también que oraría porque Dios cumpliera cada uno de nuestros anhelos escritos ahí. Yo escribí dos cosas de las cuales todavía me acuerdo, y con mi fe de niña ese día confié en que, si mi mamá lo decía, así se haría:

Quiero ser modelo y actriz.

Quiero tener tres hijos.

Al pasar el tiempo, parecía como si esos sueños se hubieran desvanecido. Estudié Microbiología Industrial, ya que me gustaba la química y descubrir el origen de las cosas. Tenía una vida normal y bastante corriente.

Mientras estaba en la universidad, un buen día el representante de una empresa de televisión mexicana que estaba de visita en Colombia, me invitó a participar en un *casting* para ser parte de un pequeño grupo

de extranjeros que serían llevados desde diferentes países latinoameri-
canos a México para pertenecer a su empresa. Ese selecto grupo estu-
diaría actuación con todo pagado, tendría una mensualidad incluida
y además firmaría un contrato para trabajar en al menos cinco de sus
producciones. ¡Sí!, leyeron bien, díganme si esto no sonaba demasiado
atractivo como para ser real.

En Colombia la trata de personas era un oscuro negocio que había
tomado fuerza y del que mi mamá me había advertido muchas veces,
por lo que simplemente tomé la tarjeta de aquella persona y la guardé
sin tener en mente alguna probabilidad de asistir a tan atractivo *casting*.
Pensaba: *Hay miles de modelos y actrices colombianas a las que seguro
podrían llamar directamente, no veo por qué me ofrecerían algo así a
mí.*

Esa noche, viendo las noticias, me doy cuenta de que todo aquel
ofrecimiento ¡era real! Sí existía el famoso *casting* y era una convocato-
ria nacional; la persona que me dio la tarjeta era legítima, es decir, yo
acababa de recibir una propuesta para vivir una oportunidad de oro.

Llegó entonces el esperado día del *casting*, le pedí a un amigo que
me acompañara al lugar y fuimos, más que por otra cosa, por curiosidad, en realidad no con muchas expectativas. En mi mente, sinceramente, no cabían las posibilidades de ser una de las elegidas, pues
seguro solo llevarían a dos o tres personas de Colombia, y créanme, no
soy una persona que "pare el tráfico".

Esperamos unos minutos en el lobby del edificio y finalmente me invi-
taron a pasar. No fue nada difícil; era una entrevista grabada acerca de
mi vida y los talentos que tenía. Aquí quiero hacer un paréntesis. Desde
chiquita, todo el mundo me decía que era buenísima actuando, reci-
tando, tocando instrumentos, y en general, haciendo cosas que al resto
de los niños les daba vergüenza hacer; ahí yo me desenvolvía como pez
en el agua.

Bueno, al terminar la entrevista (debo confesarlo) sentí dentro de mí
algo muy extraño, esa sensación de que había cautivado sus corazones
y que mi ida a México estaba asegurada. Y así fue. Antes de salir de ahí,
uno de los directivos me hizo una propuesta verbal de estudiar y trabajar
con ellos. No sé si les ha pasado, pero es ahí, en ese instante, cuando
pareciera que tus sueños se empiezan a cumplir, cuando afloran todos
tus miedos y es como si tú mismo le metieras el pie a la vida para trope-
zarte. ¡Sentí un temor enorme! Por lo que mi respuesta fue: "No sé, quisiera pensarlo...", en seguida y con mucho respeto me retiré de la sala.

Al llegar al lobby con Alejandro (mi amigo), quien estaba ansioso por saber qué había pasado, le conté todo tal y como ocurrió, y en un tono muy colombiano me dijo: "¿Usted es boba? ¡Es una súper oportunidad, todo el mundo sueña con estar aquí!". Así me regañó todo el camino, casi obligándome a llamar de regreso para decirles que sí aceptaba la propuesta.

Era solo una adolescente con un novio y una carrera "segura", y a los que no quería abandonar. Pero hoy sé que Alejandro fue la voz de Dios, porque logró que finalmente les diera el sí a los representantes de la televisora.

Así continuó la historia. Siguieron los permisos de mis papás, los contratos, las visas y mucha, mucha emoción; pero con una inmensa incertidumbre a la vez. Estudié y trabajé durante muchos años para la misma empresa, cumpliendo cada palabra que prometieron, y hasta el día de hoy, aunque trabajo como actriz de manera independiente, sigue siendo una fuente importante de trabajo para mí.

Con esta fascinante historia de mi vida quiero recordarte que cuando tienes a Dios de tu lado, tus dones y talentos brillan, para que en cada lugar a donde seas enviado te conviertas en un embajador del poder y del tierno amor de Dios.

CON UN DIOS COMO EL NUESTRO Y DE NUESTRO LADO, CUIDEMOS LO QUE PEDIMOS, PORQUE DEFINITIVAMENTE PUEDE HACERSE REALIDAD.

MEDITA

Escribe dos peticiones. Luego, entrégalas por medio de la oración en las manos de Dios y confía en que Él hará, según su voluntad.

_____

_____

_____

_____

_____

EJERCITA TU MÚSCULO ESPIRITUAL

Ahora un poco de historia. Busca en Internet información sobre el famoso Muro de los Lamentos. Reflexiona sobre el significado práctico y simbólico que tiene para ti la existencia de un muro para "llevar" tus lamentos o peticiones. Ahora sueña, sueña en grande, no permitas que tus miedos te detengan.

EL CONTENTAMIENTO

He aprendido a contentarme,
cualquiera que sea mi situación.
—Filipenses 4:11, RVR 1960

Una de las ideas más equivocadas que he tenido es creer que la felicidad está más adelante, en el próximo cambio, en el próximo año, con el próximo estudio, en la próxima casa, con la pareja siguiente, o en un trabajo mejor. *El contentamiento* es una de las virtudes del carácter más difíciles de encontrar y desarrollar, y de las más valiosas para retener. Cuando nos falta contentamiento "siempre el jardín del vecino se verá más floreado que el nuestro", pero basta con tener una buena porción de este para poder apreciar las flores y aun las semillas que hay en nuestro "jardín".

La Biblia dice en Filipenses 4:11-13 (RVR 1960):

No lo digo porque tenga escasez, pues he aprendido a contentarme, cualquiera que sea mi situación. Sé vivir humildemente, y sé tener abundancia; en todo y por todo estoy enseñado, así para estar saciado como para tener hambre, así para tener abundancia como para padecer necesidad. Todo lo puedo en Cristo que me fortalece.

¡Qué palabra! ¡Me encanta el contentamiento! Claramente lo dice la Biblia: no es un don, sino algo que aprendemos, y aprenderlo requiere un esfuerzo que empieza con una decisión que Dios respalda.

Contentamiento es volver a sonreír con las bromas de nuestra pareja que alguna vez nos hicieron doblarnos de risa, pero que ahora nos generan fastidio; alegrarnos con la convivencia cotidiana sin necesidad de excentricidades; volver a sentirnos cómodos con los silencios y las largas conversaciones; acoplarnos a ese ingreso que en un momento fue causa de ilusiones; disfrutar a los hijos imperfectos o la casa no tan ordenada; y valorar nuestra salud, siendo agradecidos con el milagro diario de la vida.

Esta es una buena semana para pedir y buscar desarrollar el contentamiento, pues teniendo contentamiento la escalera de la vida es más fácil de escalar.

CUANDO TU LISTA DE QUEJAS ES MÁS LARGA QUE TU LISTA DE AGRADECIMIENTOS, TIENES FALTA DE CONTENTAMIENTO.

MEDITA

¿Cuáles han sido tus quejas más frecuentes durante los últimos meses?

_____

_____

_____

_____

EJERCITA TU MÚSCULO ESPIRITUAL

Te invito a que trates de encontrar en esas mismas quejas una oportunidad. Escribe qué hay de bueno en cada una de esas cosas que te causan frustración y enojo. Déjame darte un ejemplo personal:

El hecho: *Vivo en un piso muy alto del edificio.*

La queja: *Le tengo terror a los sismos; ¡pero mi esposo y mis hijos no quieren cambiarse a otro lugar!*

La oportunidad: *Fortalecer la fe en que Dios tiene cuidado y es soberano sobre la vida y la muerte.* (Pero no dejes de tener un plan de emergencias familiar, ahora es una buena oportunidad para hacerlo).

Sigues tú.

El hecho: _____

_____

_____

_____

_____

La queja: _____

_____

_____

_____

La oportunidad: _____

_____

_____

_____

_____

UNA OBRA EN CONSTRUCCIÓN

Supongamos que alguno de ustedes quiere construir una torre.
¿Acaso no se sienta primero a calcular el costo, para ver si
tiene suficiente dinero para terminarla?
—Lucas 14:28

Todos somos parte de una obra en construcción, por lo que debemos tomar precauciones y abastecernos de aquello que necesitamos para seguir edificándonos. A esto la Biblia le llama calcular los costos.

Un día, mientras pasaba un buen tiempo en una playa, tomé un tiempo para reflexionar sobre qué tan firme estaba la estructura de mis proyectos laborales y familiares. Antes de seguir soñando, me propuse calcular al menos cuatro importantes "costos" que le darían forma y estabilidad a cada uno de mis proyectos.

El primero y el más importante de los "costos que calculé" fue tomar la decisión de disciplinarme en mi tiempo de oración; esos primeros minutos del día donde permito al Creador guiarme. Así que sin más preámbulo me dispuse a orar, esta vez a la orilla del mar. Todo fue parte de un plan divino.

Al escuchar el golpear de las olas y el rugido del mar pude ver la grandeza y la fuerza del Dios en el que pongo mi confianza al emprender. Al no poder vislumbrar el límite de las aguas, recordé que Él es infinito, su alcance abarca más de lo que podemos percibir o imaginar. Viendo sus colores, me dejó saber que Él es increíblemente creativo y delicado, y al observar la coordinación de cada una de las olas, me quedó claro que mi arquitecto es un Dios inteligente.

Grandeza, fuerza, poder, creatividad, delicadeza e inteligencia son los atributos que podemos aprender en ese tiempo de reflexión con nuestro arquitecto de vida.

El segundo "costo calculado" fue una dosis diaria de lectura de su manual, la Biblia. Leer la Palabra de Dios es conocer los planos de su edificación; es descubrir aquellos errores que ni siquiera podemos imaginar que cometemos. Leer y meditar en su Palabra es tomar las riendas espirituales de nuestra vida.

El tercer "costo calculado" tiene que ver con el consejo humano; esos recursos que podemos hallar en medio de experiencias relacionadas con el aprendizaje, tales como: cursos, libros, y toda la información que uno pueda adquirir para enriquecer cualquiera de nuestros proyectos.

El cuarto y último "costo" fue todo aquello referente al tiempo, dinero y otros recursos tangibles; datos importantes que nos evitarán dejar los proyectos a medias.

UNA VIDA CONSCIENTE CONSTRUYE ACIERTOS Y ELIMINA ERRORES.

MEDITA

¿Acaso obtendrás resultados diferentes si haces siempre igual las mismas cosas?

Reflexiona sobre todo aquello que estés construyendo en tu vida, y toma hoy la decisión de edificar de manera diferente. Lee de nuevo Lucas 14:28-32 y anota tus reflexiones.

_____

_____

_____

_____

_____

EJERCITA TU MÚSCULO ESPIRITUAL

¿Cómo se llama tu proyecto personal? ¿Es un negocio? ¿Una obra de arte? ¿Retomar tus estudios? ¿Invertir en tu hogar? ¿Hacer cambios familiares?

Te invito a que edifiques sobre la oración y la lectura bíblica como bases. Escribe cada día de la semana un avance tangible que llevarás a cabo a corto plazo para hacer realidad tu proyecto. Documentación, citas, papeleos, tiempos específicos, diseños, administración financiera.

LUNES

MARTES

MIÉRCOLES

JUEVES

VIERNES

SÁBADO

DOMINGO

TODO PASA

El cielo y la tierra pasarán, pero mis palabras jamás pasarán.
—Mateo 24:35

Existen momentos en los que la vida pareciera hacernos una mala jugada; periodos de viento en contra que nos ponen los pies sobre el piso y aún más abajo de este. Tiempos en los que nos es difícil vislumbrar con los ojos terrenales alguna salida. En contraste, vivimos también momentos de gloria, esos en los que las nubes parecieran ser nuestro piso y sentimos todo el poder y la seguridad en nuestras manos.

Si hoy estás pasando por momentos de prueba o, por el contrario, vives el éxtasis de la gloria, la siguiente historia que encontré es para ti.

EL ANILLO DEL REY

Érase una vez un rey que se dirigió a los sabios de la corte y les dijo:

"Los orfebres del reino han estado elaborando para mí un precioso anillo con uno de los mejores diamantes jamás vistos; una vez que lo tenga, quisiera guardar oculto dentro de aquella joya algún mensaje que pudiese ayudarme en momentos de desesperación total, un mensaje que a su vez ayude a mis herederos por generaciones. Debe ser un mensaje pequeño, de manera que me sea posible guardarlo debajo del diamante de mi valioso anillo".

Todos los que escuchaban aquel mensaje eran sabios, grandes eruditos, hombres que podrían haber escrito majestuosos tratados; pero darle al rey un mensaje de no más de dos o tres palabras que pudieran ayudarlo junto a sus generaciones en momentos de desesperación total era más que un trabajo difícil.

Los eruditos y sabios buscaron durante semanas entre todos sus libros y tratados, pero no pudieron hallar nada que cumpliera con los requerimientos del exigente rey.

Dentro de los sirvientes del rey había un anciano que había acompañado muy de cerca a su padre durante años, y por quien el rey sentía un inmenso respeto. Así que lo consultó, como a los otros.

El hombre le dijo: "Yo no soy un sabio, ni erudito, ni un académico, pero creo tener el mensaje indicado, pues cuando tu padre murió, como un gesto de agradecimiento me lo dio, y ahora yo, mi rey, te lo pasaré como un legado". El anciano escribió un par de palabras en un diminuto papel, lo dobló, se lo dio al rey y le dijo: "No lo leas ahora; mantenlo escondido en el anillo y solo ábrelo cuando en todos los demás intentos hayas fracasado, si no encuentras salida alguna a una situación".

Ese momento no tardó en llegar. El país fue invadido y el rey perdía el poderío sobre su afamado reino. Y huyendo a caballo para salvar su vida, los enemigos lo perseguían a gran velocidad. Estaba solo y sus perseguidores eran numerosos, lo seguían por cada atajo que tomaba, hasta que en un momento el sonido de los caballos más cercanos lo orillaron a avanzar hacia el lugar donde el camino se acababa. El rey no tenía salida; frente a sus ojos había un precipicio con un profundo valle y caer en él sería el fin.

Sin poder regresar atrás porque el enemigo estaba al acecho, podía escuchar el trotar de los caballos acercándose y se halló como en un callejón sin salida.

Bajó del caballo oculto entre los árboles, se escondió debajo de una roca y contuvo la respiración. Entonces, se acordó del valioso anillo y lo abrió. Sacó el diminuto papel y leyó el pequeño mensaje que este contenía: "ESTO TAMBIÉN PASARÁ".

Mientras leía una y otra vez la misma frase, sintió que se cernía sobre él un enorme silencio. Aquellos enemigos que le perseguían debieron haberse perdido en el bosque, o quizá se equivocaron de camino; pero el peligro había pasado.

El rey se sentía profundamente agradecido. Aquellas palabras habían resultado milagrosas, había sobrevivido. Dobló el papel, volvió a ponerlo en el anillo; reunió a sus ejércitos y se dispuso a reconquistar el reino.

Aquel día que entraba de nuevo victorioso en la capital hubo una gran celebración por tan valerosas hazañas; música, bailes y grandes elogios por parte del pueblo lo acompañaban en su camino. El rey se sentía verdaderamente orgulloso de sí mismo.

El anciano que también estaba a su lado, le dijo: "Este también es un buen momento para ver su anillo y leer el mensaje".

"¿Qué quieres decir?", preguntó el rey desconcertado. "Ahora estoy victorioso; la gente celebra mi regreso, no estoy desesperado y no me encuentro en una situación sin salida".

El anciano le dijo: "Ese pequeño mensaje no es solo para situaciones desesperadas, también es útil para situaciones placenteras. No es solo para cuando estás derrotado, también es primordial para cuando te sientes victorioso. No sirve únicamente para cuando eres el último, sino también para cuando eres el primero".

El rey abrió el anillo y leyó el mensaje: "ESTO TAMBIÉN PASARÁ", y nuevamente sintió la misma paz, el mismo silencio en medio de la muchedumbre que celebraba y bailaba; pero ahora, después de leer el mensaje sabio de aquel papelito, el orgullo y el ego habían desaparecido.

Luego de ese momento, el rey pudo terminar de comprender el poder de aquel acertado mensaje.

Entonces el anciano concluyó diciendo: "Recuerda siempre que todo pasa. Ninguna cosa que vivas, por más dolorosa o por más placentera que sea, dura para siempre, ni aun esa emoción que ahora te invade será permanente".

Este mensaje me conmueve, parece sencillo, pero a veces es difícil de entender. Cuando afrontamos una situación complicada, por lo regular sentimos que es el fin. Pero si tan solo pensáramos en que "esto también pasará", nos llenaríamos de esa gran paz. Sí, lo sé, decirte esto no minimiza el dolor; pero debería darte esperanza, porque lo que es seguro es que *pasará*, al igual que pasan las glorias y los aplausos.

SOLO DIOS ES EL MISMO AYER, HOY Y SIEMPRE; TODO LO DEMÁS... PASA.

MEDITA

Piensa en alguna situación que ahora mismo sea objeto de gloria y orgullo para ti, y en otra que por el contrario te esté causando dolor y frustración. Escríbelas, y frente a cada una, escribe con un color fuerte las sabias palabras que le dio el anciano al rey de la historia: "ESTO TAMBIÉN PASARÁ".

EJERCITA TU MÚSCULO ESPIRITUAL

Si el Evangelio de Mateo dice que la Palabra de Dios es la misma para todos los días, para siempre, escribe cómo esto puede fortalecerte para seguir adelante ante cada una de las situaciones difíciles que ahora enfrentas.

¿Qué hazaña hizo Dios ayer y que puede repetir hoy y siempre?

¿Crees que el amor, poder y compasión que Dios te ha mostrado en situaciones anteriores cambia?

ENCIENDE UNA LUZ

Y dijo Dios: «¡Que exista la luz!» Y la luz llegó a existir. Dios considaró que la luz era buena y la separó de las tinieblas.
—Génesis 1:3-4

La luz es tan importante que Dios la ha destinado no solo para alumbrar el camino, sino para resaltar entre la oscuridad. Cuando enfrentamos problemas, nos sentimos como en tinieblas y no logramos ver con claridad. Pero al ser alumbrados con la lámpara de la Palabra de Dios nos desconectamos de la mentira del problema y nos conectamos a la verdad.

La luz también es usada para alumbrar el camino de otros, pues cuando la oscuridad los ciega la mejor forma de brindarles ayuda es compartiéndoles la verdad de Dios, para evitar así que sigan cayendo en un constante camino de dolor. En momentos sin luz, orar puede parecer inútil, pero es más efectivo que cualquier buena intención.

EN LA BIBLIA, LA LUZ ES PARTE DE LA ESENCIA DE DIOS.

Estos pasajes lo enseñan:

El Señor es mi luz. Salmos 27:1

Envía tu luz. Salmos 43:3

Yo soy la luz del mundo. Juan 8:12

Dios es luz. 1 Juan 1:5

Él está en la luz. 1 Juan 1:6

Ora esta semana por cada persona amada que sabes que necesitas compartirle la luz de Cristo, y por aquellos que están enfrentando dolor y soledad. Podrías orar así:

¡Espíritu de Dios! Tú eres nuestra luz y habitas dentro de nosotros. Haznos caminar bajo la guía del mejor Maestro, con la confianza de que tienes mejores respuestas que las nuestras, ayúdanos a alumbrar el camino y la vida de todos aquellos que hoy luchan en sus propias fuerzas. Que ese dolor que están viviendo no solo sea usado por el enemigo para su desdicha, sino que los lleve al arrepentimiento y a la búsqueda de tu amor, para que pronto encuentren consuelo y solución. Te pido que me des las palabras necesarias para ser un amigo diferente, no uno más de los que ya tienen muchos. Muéstrame la mejor manera de ayudarlos; dame palabras que les den aliento y conviértete en la luz para sus vidas.

EL MAL AVANZA, NO PORQUE SEA MÁS ÁGIL O RÁPIDO, SINO PORQUE LOS BUENOS A VECES NO QUEREMOS CORRER LA CARRERA.

MEDITA

En el mundo moderno, muchas veces la verdad se distorsiona y hace que la exposición constante a la oscuridad sorprenda y entenebrezca nuestras vidas. Las siguientes palabras son una exhortación para estar atentos, no engañarnos a nosotros mismos y decidir ser luz en un mundo oscuro.

Nadie enciende una lámpara para luego ponerla en un lugar escondido o cubrirla con un cajón, sino para ponerla en una repisa, a fin de que los que entren tengan luz. Tus ojos son la lámpara de tu cuerpo. Si tu visión es clara, todo tu ser disfrutará de la luz; pero, si está nublada, todo tu ser estará en la oscuridad. Asegúrate de que la luz que crees tener no sea oscuridad. Por tanto, si todo tu ser disfruta de la luz, sin que ninguna parte quede en la oscuridad, estarás completamente iluminado, como cuando una lámpara te alumbra con su luz.   (Lucas 11:33-36)

EJERCITA TU MÚSCULO ESPIRITUAL

Escribe el nombre de cada persona que Dios ponga en tu corazón para hablarle de su luz. Recuerda que compartirle a una persona es entrar en una batalla espiritual por su alma, así que Dios te dará una estrategia de oración y acción específica para cada uno.

Persona

Estrategia

DONES

*Cada uno ponga al servicio de los demás el don que haya
recibido, administrando fielmente la gracia de
Dios en sus diversas formas.*
—1 Pedro 4:10

El mundo necesita de todos los dones que las personas poseemos para girar en equilibrio. Entender esta declaración es muy importante, por lo que debemos saber primero la definición de lo que es un don.

La palabra *don* proviene del latín *donum*, que significa *regalo*. Es decir, un don es una dádiva, material o inmaterial, que proviene de Dios y que confiere una capacidad especial a cada ser humano para ser usada en el servicio a los demás. Estos *regalos* se potencializan cuando los administramos con diligencia, pues funcionan de la misma manera que lo hace el cuerpo físico cuando es sometido a entrenamiento, se fortalece, adquiere volumen, se desintoxica y se mantiene flexible cuando lo usamos. Así, un buen entrenamiento hará que estos especiales regalos crezcan tal y como estaban predestinados a hacerlo, convirtiéndose en valiosas aportaciones divinas que impactarán el mundo terrenal.

Ya sea que se te facilite hablar en público, que tengas la sensibilidad para crear una canción, una creatividad fina para escribir historias, una mente científica o matemática, o que simplemente tengas mansedumbre para escuchar a otros; en realidad todo aquello para lo cual somos orgánicamente extraordinarios, es un don.

Alguna vez te has preguntado, *¿tengo yo algo extraordinario?* Todos tenemos ese algo que nos hace especiales para brillar, y probablemente como yo, necesites una fórmula práctica para identificarlo. Así que comencemos:

Tus dones brotan como una mezcla entre aquello que te gusta hacer, eres bueno o buena haciéndolo y además se te facilita. Una cosa sin la otra no sería un diseño divino. Por ejemplo, a mí no me da pena ni miedo hablar en público. Desde pequeña siempre mis compañeros me lanzaban para que yo fuera la voz del salón y además me encantaba hacerlo; igualmente sé que tengo una facilidad especial para imitar, actuar e improvisar. Es fácil ahora reconocerlo; el don o talento con aquel que cumplo mi propósito es la actuación y en general el manejo de medios publicitarios. Es esto en lo que trabajo, lo que me apasiona y, además, por lo que me pagan.

> *Tenemos dones diferentes, según la gracia que se nos ha dado.* (Romanos 12:6)

Así que ahora, toma un momento para pensar en aquello para lo que eres bueno, eso que además disfrutas hacer y te sale con tal facilidad que tú mismo te sorprendes.

LA HUMANIDAD DESFALLECE, NO POR FALTA DE DOTADOS, SINO POR LA NEGLIENCIA DE MUCHOS DE ELLOS.

MEDITA

¿Trabajar cada día únicamente por dinero te está generando una sensación de vacío que te hace sentir desmotivado frente a la vida?

SÍ ___   NO ___

¿Crees que para eso en lo que hoy trabajas es para lo que fuiste creado?

Si la respuesta a estas preguntas te confronta y en el fondo de tu corazón ahora sabes que tienes dones inactivos, entonces te invito a que empieces a poner las cosas en orden. Usa tu empleo como un generador de combustible para llegar a la meta, para recorrer el camino y, por supuesto, préstale mucha atención; pero por ningún motivo le inviertas todo tu ser. Que tu mente, tu cuerpo y, sobre todo, tu espíritu, estén enfocados en la meta, no distraídos en el trayecto. Solo así podrás cumplir el propósito para el que fuiste llamado. Lo harás tan bien que dejarás un legado para las futuras generaciones.

EJERCITA TU MÚSCULO ESPIRITUAL

Si tu nombre te hubiera sido dado por la más grande cualidad que posees, ¿cómo te llamarías?

Durante esta semana lee la parábola de los talentos en Mateo 25:14-30. Escribe tres valiosas reflexiones que saques de allí.

LOS INGREDIENTES DEL ÉXITO

Con sabiduría se construye la casa; con inteligencia se echan los cimientos. Con buen juicio se llenan sus cuartos de bellos y extraordinarios tesoros.
—Proverbios 24:3-4

Al pasar de los años nos preguntamos una y otra vez, ¿cuáles son los ingredientes esenciales para tener una vida verdaderamente exitosa? El versículo de esta semana nos brinda tres importantes elementos para lograrlo: sabiduría, inteligencia y buen juicio.

He aprendido a despertar cada mañana y pedir a Dios *sabiduría,* esa acertada facultad para manejar el día, para guiar a mis hijos en sus preguntas y ocurrencias, para tomar buenas decisiones en mi trabajo, y en general para caminar cada minuto de mi día.

Cuando queremos edificar un hogar, una relación, un trabajo o lo que sea, la sabiduría, que es la guía divina de Dios, se convierte en el instrumento esencial que marca el camino por el que debemos andar, nos brinda los planos de la obra y delinea los límites seguros para nuestro caminar.

Pero una vez levantados los cimientos que le dan forma y estructura a esa "construcción", lo segundo más importante para mantenerla firme según la Biblia es la *inteligencia.* Puede ser que hayamos sido sabios para comenzar y sentar las bases, pero si somos imprudentes y no tomamos tiempo para observar y evaluar su funcionamiento, tal edificación no durará en pie.

Un ejemplo de cómo involucrar estos ingredientes de éxito en la vida diaria es buscando la sabiduría de Dios en la educación de nuestros hijos.

Por lo regular, en las noches leo un proverbio para cada uno de mis hijos, el que cada uno escoge. En privado hablamos sobre lo que sienten que Dios les está hablando con esa Palabra, lo que finalmente nos lleva a hacer una pequeña reflexión. Ser sabio es hacer lo que sé que debo hacer. Tomarme el tiempo para sembrar palabras de vida en ellos es como aplico el primer ingrediente del éxito: *la sabiduría*.

Sin embargo, hay mil ocasiones en las que por la inercia del día no presto atención a esas pequeñas alertas de comportamiento que me pudieran hablar de una "avería" en su corazón o en su mente. Así que siguiendo el versículo es ahí donde deberíamos dar lugar a la *inteligencia*, deteniéndonos para observar y dialogar sobre aquello que les preocupa y buscar aclarar esas dudas que les surgen en la vida, para evitar con esto daños estructurales mayores en la construcción de sus vidas.

Finalmente, el proverbio nos habla acerca del *buen juicio*, que se refiere a tener un criterio racional y moral para discernir correctamente entre lo que es bueno y lo que no lo es. Ese conocimiento o información que buscamos para no actuar únicamente con lo que tenemos a la mano o con lo que aprendimos en el pasado, ya que por muy espirituales que seamos, el buen juicio nos brinda la materia prima para actuar con acierto. Esto hace la diferencia en la toma de decisiones, nos lleva a informarnos y a estudiar las situaciones, para luego actuar con plena confianza.

EL ÉXITO ES LA SUMA DE PEQUEÑOS ESFUERZOS QUE SE REPITEN DÍA A DÍA.

MEDITA

Quienes logran éxito en la vida tienen la tendencia a la acción enfocada en resultados específicos sabiamente planeados; mientras que aquellos que viven en fracaso, desperdician la vida anhelando, señalando y excusándose. Busca el significado de los tres ingredientes del éxito, escríbelo y reflexiona sobre cada concepto.

Sabiduría

Inteligencia

Buen juicio

EJERCITA TU MÚSCULO ESPIRITUAL

Piensa en alguna situación de tu vida en la que el fracaso ha sido más protagonista que el éxito. ¿De qué forma podrías aplicar la *sabiduría*, la *inteligencia* y el *buen juicio* en esa circunstancia de manera práctica?

EL MANÁ

Más bien, busquen primeramente el reino de Dios y su justicia, y todas estas cosas les serán añadidas. Por lo tanto, no se angustien por el mañana, el cual tendrá sus propios afanes. Cada día tiene ya sus problemas.
—Mateo 6:33-34

¿Alguna vez has escuchado hablar del maná? Según el libro del Éxodo, el maná era el pan que Dios le daba al pueblo durante su camino por el desierto, un alimento que les proporcionaba diariamente aliento y vida. La Biblia cuenta que cuando el pueblo de Israel (el pueblo de Dios) recogía de este maná de sobra, es decir, cuando guardaba algunas porciones de este para el día siguiente, el sagrado maná amanecía echado a perder, cosa que obligaba al pueblo a recoger cada día únicamente su porción necesaria.

Más adelante, las Escrituras hacen alusión a que la Palabra de Dios es como el pan de vida, así que pensar en el maná como una palabra de vida con fecha de caducidad diaria puede darnos una valiosa enseñanza acerca de cómo saciar nuestra *hambre espiritual*.

Vivir cada día es un reto, y alimentar nuestra fe de glorias pasadas o de afanes futuros puede hacernos enfermar espiritualmente. Nuestro alimento espiritual debe ser un ejercicio fresco y diario, una búsqueda incansable que sacie el hambre por encontrar un remanente de parte de Dios para nuestras vidas, uno que influya para bien en nuestras acciones y decisiones diarias, pero, sobre todo, en la transformación de nuestro corazón.

Con el paso de los años me he dado cuenta de que en la mayoría de los casos las personas buscan alimento espiritual principalmente por una especie de amuleto, pensando que al hacerlo recibirán bendiciones, y que, si no lo hacen así, quedarán desprotegidas y con temor. Lo que sí es un hecho es que recibiremos bendiciones al buscar la fuente de nuestro alimento espiritual, que es la Palabra de Dios viva y poderosa. Sin embargo, vivir bajo esta especie de "trueque" tarde o temprano traerá agotamiento, ya que así no buscaremos a Dios por amor o por hambre espiritual, sino por un beneficio temporal cuya fuente pronto se olvidará.

Somos seres espirituales, por lo tanto, conocer a Dios es una necesidad básica; debe ser nuestro alimento más deseado. El fruto de esa búsqueda traerá bendición por añadidura.

SER ESPIRITUAL NO ES PRACTICAR UNA DOCTRINA ABSTRACTA QUE NOS REGALE UNA PAZ TEMPORAL; ES ACTIVAR EL PODER DEL ESPÍRITU SANTO DE DIOS QUE CAMBIA Y GUÍA NUESTRAS VIDAS PARA SIEMPRE.

MEDITA

Somos seres espirituales que necesitamos de "alimento" para vivir de victoria en victoria.

¿Hace cuánto recibiste una última y clara enseñanza de parte de Dios para tu vida? ¿Podrías aplicarla para tu necesidad de hoy?

_____

_____

EJERCITA TU MÚSCULO ESPIRITUAL

En la Biblia contamos con un proverbio para cada día del mes. Lee cada día de esta semana el que corresponda a la fecha del día, y anota una "hojuela de maná" que salte a tu mente y alimente tu alma. Por ejemplo: si hoy es lunes 28, deberás leer Proverbios 28.

Lunes

_____

_____

Martes

_____

_____

Miércoles

_____

_____

_____

Jueves

_____

_____

_____

Viernes

_____

_____

_____

Sábado

_____

_____

_____

Domingo

_____

_____

_____

HIJOS DEL BENDITO

Pero Jesús se quedó callado y no contestó nada.
—¿Eres el Cristo, el Hijo del Bendito? —le preguntó de nuevo el
sumo sacerdote.

—Sí, yo soy —dijo Jesús—. Y ustedes verán al Hijo del hombre
sentado a la derecha del Todopoderoso, y viniendo en las
nubes del cielo.
—Marcos 14:61-62

Fue en el momento más difícil de la vida de Jesús —la pasión de la cruz—, cuando uno de los dirigentes religiosos, pienso que, con cierto tono de duda y burla, le preguntó: "¿Eres el Cristo, el Hijo del Bendito?".

La palabra *Bendito* viene de una raíz griega que significa «del que se dice bien», «el alabado», así que confrontar a Jesús con esa verdad, estando ante el consejo, sintiéndose dolido y abandonado antes de ser juzgado, definitivamente era una obra que llevaba consigo gran humillación y cizaña. Qué habrá pasado por su mente, cuando en otras palabras lo que le estaban preguntando era: ¿De verdad eres el hijo del alabado? ¿Cómo siendo el hijo del Bendito te pasa esto?

Muchas veces, las pruebas difíciles ponen en entredicho nuestra fe en Dios y su fidelidad. Pero Jesús nos enseña cómo, aun pasando por un momento de tanto dolor, no dudó, sino al contrario, puso su cabeza en alto para contestar afirmando que un día lo verían sentado a la derecha del Todopoderoso. ¡Qué fe! ¡Qué nivel de resiliencia! ¡Qué valentía seguir creyendo a pesar de las circunstancias!

Es así como deberíamos ser nosotros, estar listos para responder con esa misma firmeza ante los momentos de confrontación y crisis, enfrentando aquellas voces de cizaña que siempre tratarán de persuadirnos a dudar.

Creo que el problema de la *fe* en la actualidad radica en que muchas veces pensamos que *creer* es un verbo que funciona por sí solo, sin reconocer *su motor* y al Hacedor de todas las cosas que es Dios mismo. Entonces, en momentos de crisis recurrimos en primera instancia a soluciones alternas que preguntan primero a la ciencia y la psicología, e incluso al universo (creado por Dios), acerca de cuál es la clave para poder salir de una situación difícil, cómo superar una enfermedad y de qué manera encontrar la paz y el gozo, entre otras miles de cosas. Todo esto lo hacemos sin tener en cuenta a nuestro hombre espiritual que necesita, en *primer lugar*, el consejo de Dios y su Palabra.

Pregúntate: si el universo, los decretos, la mente, la energía o nuestras buenas intenciones tienen todo el poder de cambiarnos y sanarnos, ¿por qué no lo han hecho ya?

Como creyente, estudiante de la ciencia y admiradora de los avances y mejoras de la humanidad, he llegado a la conclusión de que ningún tip, enseñanza, truco, consejo o avance, en fin, nada es efectivo y permanente si no ponemos primeramente nuestras vidas en manos de Dios, si no vivimos cimentados en Él y usamos su sabiduría en tiempo y forma a nuestro favor. Solo así todas las demás herramientas tomarán sentido.

Puede ser que ahora te encuentras en una situación difícil, sin saber cómo vas a cubrir algunas deudas, humillado con alguna situación personal o laboral, con una familia que agoniza, o luchando con pecados recurrentes. Toma hoy el ejemplo de Jesús: levanta la cabeza y recuerda que ¡eres hijo del Bendito y pronto el poder del Altísimo se revelará por sobre esas circunstancias! Recuerda también que los días malos son grandes oportunidades para reflexionar, tomar un respiro y hacer las cosas de manera diferente.

Edifiquemos nuestras vidas sobre la roca que es Jesús y nunca, pero nunca, nos olvidemos de que somos hijos del Bendito.

SI SIEMPRE ABORDAMOS EL PROBLEMA DE LA MISMA FORMA, NUNCA OBTENDREMOS UN RESULTADO DIFERENTE.

MEDITA

¿Te has dado cuenta de que cuando las cosas van mal en nuestra vida, es más, cuando ni siquiera están mal, pero tenemos una situación incierta, nuestra mente tiende a llenarse de pensamientos negativos con relación al posible desenlace? "Seguro no sale el negocio, es muy difícil que pase esta prueba, las probabilidades son casi nulas, no debería tomar el riesgo". Al ser humano le es más fácil recrear la tragedia que la comedia; por eso, durante esta semana te invito a que le des la vuelta a tu mente y pienses cómo un hijo del Bendito piensa en esos "Si" condicionantes que pudieran venir a tu vida. Por ejemplo: ¿Y si me dan el ascenso? ¿Y si soy parte de ese pequeño porcentaje que lo logra? ¿Y si todo sale bien y me divierto?

EJERCITA TU MÚSCULO ESPIRITUAL

Escribe al menos cinco situaciones en las que tus pensamientos estaban llenos de temor y negatividad, pero Dios te sorprendió con un buen desenlace. Te invito a que leas los siguientes pasajes:

Salmos 139:23-24

Proverbio 16:3

Mateo 6:25

1 Pedro 1:13

Escribe tus reflexiones.

NO HAY NADA DE MALO EN INSISTIR

Pidan, y se les dará; busquen, y encontrarán; llamen, y se les abrirá. Porque todo el que pide, recibe; el que busca, encuentra; y al que llama, se le abre.
—Mateo 7:7-8

Este versículo verdaderamente debería confrontarnos y animarnos, pues nos recuerda que *siempre* que pedimos algo en momentos de meditación y oración, Dios responde, de una u otra manera, pero siempre lo hace.

Ahora, tal vez tengas dudas acerca de la forma como Dios puede contestar nuestras oraciones. Así que a continuación te mostraré al menos cuatro maneras de cómo he experimentado la respuesta de Dios a mis peticiones:

Cuando la respuesta ha sido:

• **Sí**: se nos concede el beneficio de lo que le pedimos.

• **No**: en este caso se pondrá a prueba nuestra tolerancia y es tal vez un buen momento para analizar inteligentemente las razones de la negación divina. Es claro que, si pedimos algo que contradice la naturaleza de Dios, no recibiremos un *Sí* por respuesta. Recuerda, los *No* son grandes oportunidades para cuestionar nuestras motivaciones internas.

• ***Ahora, no***: cuando no recibimos una respuesta inmediata o tangible a nuestras oraciones, esto solo puede significar:

• ***Tengo mejores planes para ti***: tal vez hemos estado pidiendo algo que por mucho que no quepa en nuestro entendimiento, no nos conviene, por lo que nuestra petición es contestada de manera distinta a lo que esperábamos. Por eso es importante que tengamos el discernimiento y la flexibilidad para entender que los caminos de Dios se extienden por encima de los nuestros.

- ***Iremos paso a paso***: esta respuesta nos muestra cómo Dios también nos da la estrategia para construir el anhelado *Sí*. Es entonces cuando empezamos a recibir poco a poco los pasos para cumplir aquello que pedimos con tanta insistencia. Dios nos está diciendo algo como: *Es tiempo de ponernos a trabajar.*

Cualquiera que fuere la respuesta a nuestras peticiones, lo que es indiscutible es que al momento de orar es importante insistir y perseverar, hasta conseguir alguna respuesta de parte de Dios; tocar una y otra vez la puerta sin miedo a convertirnos en incómodos necesitados.

DIOS NO ES HOMBRE PARA QUE MIENTA, NI HIJO DE HOMBRE PARA QUE SE ARREPIENTA DE LO QUE DICE.

MEDITA

Cada vez que te sientas afligido por creer que Dios no te escucha cuando, al parecer, no obtienes una respuesta o una guía de su parte, recuerda que Él siempre responde. Así que disponte a recibir esa guía a través de su Palabra, de una circunstancia, o de esa forma especial como solo Él sabe que te quedará clara su acertada respuesta.

Esta semana concentra tu lectura en la parábola del amigo inoportuno en Lucas 11:5-13 y responde: ¿Dios quiere que le pidamos? ¿Es importante perseverar en nuestras peticiones? ¿No tener la respuesta que queremos significa no recibir una respuesta de parte de Dios?

EJERCITA TU MÚSCULO ESPIRITUAL

Escribe algunos casos en los que has recibido de parte de Dios un:

Sí: _____

No: _____

Ahora no:

*Tengo mejores planes para ti:

_____

_____

Iremos paso a paso:

_____

_____

NO ENTIENDO. ¿POR QUÉ?

No te dejes vencer por el mal; al contrario,
vence el mal con el bien.
—Romanos 12:21

¿Por qué Dios permite la maldad en el mundo?

¿Alguna vez te has hecho esta pregunta?, ¿O te has enfrentado a tener que contestarla y no has sabido cómo abordar una respuesta?

Cuando somos testigos o víctimas de una injusticia, la forma inmediata de reclamar y preguntarle a Dios sobre esto es con un ¿por qué? Esta pregunta es nuestro grito de dolor ante Dios por el grave problema de la maldad. Pero tan solo dirigir la pregunta al cielo revela que ya tenemos un cierto conocimiento acerca de la soberanía de Dios, así que me atreveré a decirte algo con cierto temor santo: Dios permite la maldad, permite el sufrimiento. Ahora, piensa en esto: cuando tú permites un hecho, ¿quiere decir que eres tú quien lo causa?

El nombre de Dios sufre descréditos continuos al atribuírsele cada tristeza por la que pasamos, tristezas que en su mayoría están relacionadas con la insensatez y necedad del ser humano. ¿Cómo crees que sería el mundo si fuéramos manejados por Dios como robots, sin la oportunidad de tener libre albedrío? ¿O, qué tal que todos pensáramos y actuáramos igual, dirigidos por una especie de torre de control que nos condujera a hacer únicamente lo que Él ordena? ¿Te gustaría? ¿Tendría algún sentido la existencia?

El verdadero amor es libre, no controla, solo instruye, dejando un espectro de oportunidades a la vista. Nos ayuda a dirigirnos con la conciencia de lo que es bueno y lo que es malo, conciencia que crece con el trabajo personal y se apaga con la pobreza espiritual que saca a flote el ego y los deseos carnales, provocando así la tan odiada maldad.

¿Acaso no es nuestra responsabilidad ejercitar el espíritu tal y como ejercitamos la carne? ¿Despertaría esto la conciencia humana? ¿Sería ese despertar parte de la solución a tanta oscuridad? ¿Cuántas veces nosotros mismos, en nuestros hogares, hemos asumido ideologías mundanas sin fundamento que niegan las enseñanzas del propio Creador, solo por considerarse "de moda"?

Así que la exhortación hoy es a que hagamos *nuestra parte* en la consolidación del bien en el mundo, y mejoremos ese pequeño pedazo de humanidad del cual somos responsables. La siguiente es una oración que causó controversia en su momento, pero enfoca muy bien el asunto de la injusticia en la humanidad.

"Cuando se le pidió al pastor Joe Wright que hiciera una oración de apertura en el senado de Kansas, todo el mundo esperaba una oración ordinaria, una parecida a aquellas que son políticamente correctas. Pero esto no fue lo que los allí presentes escucharon. Su oración fue así:

Señor, venimos delante de ti este día para pedirte perdón y para pedir tu dirección.

Sabemos que tu Palabra dice: "Maldición a aquellos que llaman a lo malo bueno y a lo bueno malo", y es exactamente lo que hemos hecho.

Hemos perdido el equilibrio espiritual y hemos cambiado nuestros valores.

Hemos explotado al pobre y hemos llamado a eso "suerte".

Hemos recompensado la pereza y la hemos llamado "ayuda social".

Hemos matado a nuestros hijos que aún no han nacido y lo hemos llamado "la libre elección".

Hemos abatido a nuestros condenados y lo hemos llamado "justicia".

Hemos sido negligentes al disciplinar a nuestros hijos y lo hemos llamado "desarrollar su autoestima".

Hemos abusado del poder y hemos llamado a eso "política".

Hemos codiciado los bienes de nuestro vecino y a eso lo hemos llamado "tener ambición".

Hemos contaminado las ondas de radio y televisión con grosería y pornografía y lo hemos llamado "libertad de expresión".

Hemos ridiculizado los valores establecidos desde hace mucho tiempo por nuestros ancestros y a esto lo hemos llamado "obsoleto y pasado".

Oh, Dios, mira en lo profundo de nuestros corazones; purifícanos y líbranos de nuestros pecados. Amén.

La reacción ante tal oración fue inmediata. Un parlamentario abandonó la sala porque se sintió confrontado. Tres más criticaron las palabras del pastor calificándolas como 'un mensaje de intolerancia'.

Durante las semanas siguientes, la Central Christian Church, donde trabaja el pastor Wright, recibió más de cinco mil llamadas telefónicas, de las cuales solo 47 fueron desfavorables. Esta iglesia recibe ahora peticiones del mundo entero, de la India, África y Asia para que el pastor Wright ore por ellos".

NO TODO LO QUE ES PERMITIDO POR LA LEY ES ÉTICO Y MORAL.

MEDITA

Escribe ahora tu sentir al leer la oración del pastor Wright.

_____

_____

_____

_____

EJERCITA TU MÚSCULO ESPIRITUAL

¿Qué tan atinada crees que es la oración del pastor Wright para un mundo como en el que vivimos actualmente?

¿Hay acaso algún versículo que confronta tu corazón y te está llamando a un cambio en tu manera de pensar?

¿Consideras que algunas de nuestras reformas personales, sociales y familiares han servido de fundamento para acrecentar la maldad? ¿Cuáles?

Escribe tus compromisos personales con los que consideras que puedes frenar esa avalancha de maldad en ese pequeño pedazo de mundo en el que tú influyes; aun cuando momentáneamente se consideren "pasados de moda".

_____

_____

_____

_____

Créeme, así como el cambio climático ha obligado al mundo a regresar a los comienzos, con el tiempo las sociedades retomarán las valiosas enseñanzas que la inercia del placer y el egoísmo parecieran haber opacado.

Reflexiona sobre 1 Corintios 10:23-24.

_____

_____

_____

_____

_____

MÁS QUE "BUENAS INTENCIONES"

Pues Dios es quien produce en ustedes tanto el querer como el hacer para que se cumpla su buena voluntad.
—Filipenses 2:13

Este hermoso versículo nos revela la clave para ser la persona que durante años hemos querido ser. Nos saca de la zona de las "buenas intenciones". Y es que hay una fuerza divina y sobrenatural de parte de Dios que cruza la brecha que separa el querer del hacer.

Empecemos por hacer memoria de cómo ya hemos hecho cosas sobrenaturales que Dios ha producido. Recuerdas algún tipo de hazaña que creíste nunca lograr y lo hiciste; una mala y arraigada costumbre que desechaste; la voluntad que tuviste para abandonar un vicio del que nunca pensabas salir; ese consejo que diste y trajo luz a una oscura situación; aquel día que pediste por alguien y ocurrió un milagro de sanidad; o simplemente recuerdas cada vez que has tenido la autoridad para guiar a tu familia y cambiar una rutina desgastada en tu hogar. En fin, es en todos esos momentos cuando podemos decir que ya hemos experimentado a Dios obrando en nosotros a través del Espíritu Santo.

Sabemos con certeza, al no experimentar situaciones como estas en todo momento, que las cosas buenas que hacemos no proceden solamente de nuestra buena voluntad, sino que son obras inspiradas y preparadas por Dios. Si lo que planeamos es algo bueno, agradable y tiene un fin benéfico, déjame decirte que es Dios quien lo está produciendo en nosotros.

La frase "Cristo vive en mí" de la carta del apóstol Pablo en Gálatas 2:20 revela que dejar vivir a Cristo en nosotros es la verdadera razón por la que tenemos la disposición de servir a otros y fortalecerlos, haciendo que nuestra vida se viva dentro de un propósito. Así pues, Dios camina a nuestro lado como un *coach*, haciendo que las obras que Él logra a través de nosotros sean aquellas que más tarde le glorificarán y atraerán a otros a ser parte de sus propósitos.

QUIEN PONE TODO EN MANOS DE DIOS VERÁ LA MANO DE DIOS EN TODO.

MEDITA

¿Qué cosas o actitudes quisieras hoy cambiar en tu vida y que no quieres que sigan perteneciendo solo a una lista de buenas intenciones?

EJERCITA TU MÚSCULO ESPIRITUAL

Lee detenidamente el capítulo 2 de Filipenses, del verso 12 al 18; es un fragmento que nos exhorta a ser *luminares en el mundo*, y responde:

¿Cómo puede el querer, convertirse en el hacer?

¿Cuándo quiere Dios que obedezcamos?

¿Qué hace Dios en ti para que se cumpla su buena voluntad?

¿Por qué Dios quiere que hagamos todas las cosas sin murmuraciones ni contiendas?

DIOS ES DIOS, NO DIOSITO

Desde antes que nacieran los montes y que crearas la tierra y el mundo, desde los tiempos antiguos y hasta los tiempos postreros, tú eres Dios.
—Salmos 90:2-4

Muchas veces, y de manera inconsciente, las personas alrededor del mundo limitamos a Dios, limitamos lo que Él es y aquello que es capaz de hacer. Pero la Biblia nos habla cosas sorprendentes sobre su soberanía y nos dice que desde el principio hasta el eterno futuro ¡Él es Dios!

Para la mente humana no es fácil comprender la realidad de quién es Dios y dependemos del Espíritu Santo para poder dimensionarlo. En 1 Corintios 2:14 leemos:

El que no tiene el Espíritu no acepta lo que procede del Espíritu de Dios, pues para él es locura. No puede entenderlo, porque hay que discernirlo espiritualmente.

Así que el lenguaje de Dios es un lenguaje espiritual que impacta el mundo natural. Leer Jeremías 32:27 nos ayuda a dimensionar el concepto de quién es Dios.

Yo soy el Señor, Dios de toda la humanidad. ¿Hay algo imposible para mí?

Vivimos en un mundo físico, y todo lo que conocemos está limitado a ese plano; pero Dios existe en un plano superior, así que es muy importante que nuestra vida espiritual no dependa de ideas o teorías limitadas de los hombres. Todos tenemos acceso a un conocimiento más elevado sobre Dios, que es comprobable al leer y aplicar su Palabra. Entonces, frases populares como "Diosito, ayúdame", "Si Dios quiere", "Dios mediante", "Toco madera", o expresiones parecidas están cargadas de incredulidad, pobreza espiritual y un profundo desconocimiento sobre la realidad de quién es Dios, ya que cuando estudiamos la Biblia descubrimos con claridad cómo es Él, las cosas que quiere y las que no, proporcionándonos una guía clara sobre aquello que conforme a su naturaleza debemos pedirle.

Hoy te invito a que establezcamos un buen comienzo y hagamos una declaración que redireccione la forma en cómo creemos en Dios y pedimos su ayuda:

Hoy, yo _____ decido despojarme de la incredulidad y de todas las creencias equivocadas sobre el poder de Dios.

Trabajaré en entender el mundo espiritual de una manera más profunda, para así quitar de mi mente los límites que me han delineado un dios a mi imagen y semejanza, y no al revés como debería ser.

Estoy seguro de que caminaré en certeza y no en duda; en fe y no en incredulidad; en verdad y no en falsedad.

Amén.

¡Confía, nuestro Dios es grande!

EL TAMAÑO DE NUESTRO DIOS SERÁ MIRANDO EL TAMAÑO DE NUESTRAS PREOCUPACIONES; MIENTRAS MÁS LARGA SEA LA LISTA, DIOS PARECERÁ MÁS PEQUEÑO.

MEDITA

Si pudieras comparar a Dios con un elemento de la naturaleza (el mar, un volcán, el viento, el sol, etc.), ¿cuál sería y por qué? Describe o dibuja lo que imaginas.

EJERCITA TU MÚSCULO ESPIRITUAL

Existen 21 nombres que la Biblia le otorga a Dios. Estudiar cada uno de ellos podrá darnos una idea más clara de lo que Él es. Esta semana investiga sobre el significado de al menos siete de sus nombres y escríbelo.

Lunes: *ADONAI*

Martes: *ELOHIM*

Miércoles: *EL OLAM*

Jueves: *SHADDAI*

Viernes: *JEHOVÁ*

Sábado: *EMANUEL*

Domingo: *EL ELYÓN*

LA DISCIPLINA DEL DISCÍPULO

Porque el SEÑOR disciplina a los que ama,
como corrige un padre a su hijo querido.
—Proverbios 3:12

Durante una reunión dominical, no hace mucho tiempo, Dios me reveló de una manera personal el mensaje de Proverbios 3:12. Aunque por años había repetido constantemente a mis hijos este proverbio al tener que disciplinarlos, creo que aquella mañana el Señor me quería enseñar acerca de cuán grande amor hay implícito en la disciplina.

Cuando vivimos circunstancias difíciles, muchos creyentes reaccionamos de forma automática y adoptamos actitudes que creemos "atacarán el problema": dedicamos más tiempo a la oración, reprendemos al enemigo para que suelte nuestra vida y así desaparezca toda complicación; incluso hasta nos portamos mejor haciendo buenas obras, y pensamos que así moveremos fácilmente el corazón de Dios para darnos auxilio. Sin embargo, muchas de esas circunstancias solo representan momentos clave en los cuales Dios nos está disciplinando, y lo hace porque nos ama.

La palabra disciplina por su etimología proviene del latín *discipulus*, que significa "enseñado por otro". De ahí que quien recibe disciplina durante la vida está siendo directamente enseñado por el Creador.

Muchas veces los creyentes podemos llegar a tener una relación tóxica y codependiente con Dios. Me refiero a ese tipo de relación que se genera a partir de la necesidad y el interés. Solo lo buscamos cuando las cosas no salen como esperábamos, y cuando vemos que las situaciones se agravan, entonces salimos corriendo despavoridos hacia Él, lloramos y nos aferramos a "sus brazos" por dos o tres días para luego desesperarnos por no ver una respuesta inmediata, y finalmente alejarnos de nuevo.

Dicha toxicidad se refleja también en sentido contrario, cuando nos sentimos tan bendecidos que pareciera que no nos hace falta la presencia de Dios y demandamos cada vez más de Él por creer que así lo merecemos. Estas dos formas de relacionarnos con Dios nos roban el crecimiento espiritual, que es el verdadero objetivo de nuestra comunión con Él, lo que nos convierte en seres narcisistas y ególatras.

Entonces, ¿qué significa en realidad tener una relación sana con Dios y ser su discípulo? Significa estar dispuestos a ser enseñados; mantenernos en constante comunicación con Él, tanto en las buenas como en las malas; estar dispuestos para dar y para pedirle, para amar y ser amado.

NADIE ENSEÑA A ALGUIEN MÁS SINO PORQUE LE IMPORTA Y QUIERE QUE REFLEJE MEJORÍA.

MEDITA

Esta semana te invito a que pienses en esa situación problemática que estás viviendo.

Trata de discernir si acaso es un problema exterior que está golpeando tu vida, si estás siendo víctima de un ataque espiritual, o quizá en realidad Dios está tratando contigo para enseñarte y hacerte un mejor ser humano.

EJERCITA TU MÚSCULO ESPIRITUAL

Lee Proverbios 3 y encuentra al menos cuatro buenas razones para aceptar la disciplina de Dios.

1. _____

_____

2. _____

_____

3. _____

_____

4. _____

_____

Y las que sigan....

MOTIVACIONES INTERNAS

... para que sean intachables y puros, hijos de Dios sin culpa en medio de una generación torcida y depravada. En ella ustedes brillan como estrellas en el firmamento.
—Filipenses 2:15

Iniciamos nuestro caminar espiritual al conocer el mensaje de amor y salvación de Jesús, aquella verdad que por primera vez nos hizo sentir seguros, protegidos, amados, aceptados y con muchas ganas de cambiar. Después, al pasar el tiempo, crece en nuestro corazón el deseo por compartir a otros el legado de Aquel que nos ha mostrado tan incondicional amor. Sin embargo, con el correr de los años vamos viendo con claridad esos pensamientos y actitudes que merecen un cambio en nuestras vidas, para así encontrar la plenitud que avale frente a otros nuestro mensaje.

Es ese momento de disposición para hacer cambios internos lo que yo llamo "detox espiritual": un tiempo de *limpieza*, donde somos llevados a soltar y madurar para hacer de nosotros hijos fuertes y cada día mejores. Esa madurez espiritual tiene un comienzo que parte de la sanidad interior y se topa con la necesidad de cerrar nuestros oídos a voces o pensamientos que justifican y apapachan nuestro mal comportamiento en algunas áreas de nuestra vida, voces tales como:

La soberbia que nos grita "¡Me lo merezco!".

La vanidad que piensa "Acéptame".

La promiscuidad que nos susurra "Me satisface".

El orgullo que se impone diciendo "¿Y por qué yo no?".

Los celos que argumentan "Me pertenece".

La avaricia que se convence a sí misma de "Lo necesito".

La mentira que se esconde detrás de un "Te quiero agradar".

Estas son algunas de las razones que escoge el ser humano para justificar lo que hace, aun cuando esto le haga daño. Voces internas que provienen de la esclavitud que cada uno lleva dentro, ataduras que nos hacen callar nuestras nobles motivaciones internas de hacer el bien y mantienen atado el testimonio que nos respalda para hablar de Dios a otros.

En estos últimos tiempos muchas cosas inmorales son permitidas y aún están bien vistas frente a los ojos de la mayoría, y tenemos que nadar contra corriente, dejar hábitos arraigados desde la familia y cimentados en la cultura, abandonar aquellas cosas que apagan la luz que debería emanar de nosotros. Pareciera una tarea difícil, y lo es si tratamos de hacerlo solos con la motivación incorrecta. Pero empezar a tomar cartas en el asunto nos ayudará a construir la mejor versión de nosotros mismos y de nuestra sociedad.

LO MALO QUE HACEMOS ENMUDECE LAS COSAS BUENAS QUE DECIMOS.

MEDITA

¿Has escuchado en tu interior esas voces que justifican tus malas acciones?

¿Cuáles son esas fallas y debilidades en tu carácter que no fortalecen el mensaje de amor que has querido dar a tus seres queridos?

EJERCITA TU MÚSCULO ESPIRITUAL

Busca en tu Biblia los siguientes versículos y escribe tus propias reflexiones como un ejercicio de evaluación personal. Pon atención a la aplicación para la vida que te sugiero.

Evaluando lo que hago

Colosenses 1:10-11

Colosenses 3:23

Actuar bien cuando me ven y cuando no me ven, para no ser "candil de la calle y obscuridad de mi casa".

Evaluando mi actitud frente a otros

Filipenses 2:1-4

¿Cómo trato a la gente a mi alrededor? ¿Cómo les hablo? ¿Pienso con orgullo y soy ofensivo con los demás? ¿Me cuesta perdonar las ofensas de otros?

Evaluando lo que hablo

Santiago 3:5

Si aprendemos a controlar nuestro hablar, construiremos en vez de destruir. Que cada cosa que digamos sea un conducto de bendición.

Evaluando lo que siento

Proverbios 4:23

Cuidemos nuestras emociones y lo que dejamos entrar al corazón, porque es el motor de la mente y el combustible de nuestro actuar.

Evaluando lo que pienso

Filipenses 4-8

Vigilemos nuestra mente, procuremos llenarnos de bien y no de mal.

FLEXIBILIDAD

No se amolden al mundo actual, sino sean transformados
mediante la renovación de su mente. Así podrán comprobar
cuál es la voluntad de Dios, buena, agradable y perfecta.
—Romanos 12:2

¿**H**as notado cómo es tu actitud frente el cambio? Cuando algo no sale como esperabas, ¿pierdes el control o te repones fácilmente?

Los cambios pueden producirnos enojo, temor, frustración, incluso nos generan tal inestabilidad que podemos llegar a pensar que hasta Dios ha perdido el control de nuestra vida. Pero la confianza que tengamos en que todo lo que nos pasa obra en nosotros para bien, será proporcional a la victoria que obtengamos ante los embates de la vida.

Ahora bien, sabemos que Dios dispone todas las cosas para el
bien de quienes lo aman, los que han sido llamados de acuerdo
con su propósito. (Romanos 8:28)

Vivir sobre el planeta Tierra nos dispone a estar sujetos al cambio. Las circunstancias del día a día nos dejan ver que el guión de nuestra vida no está terminado, que el libreto puede variar. Por ello, es importante aprender a adaptarnos, sabiendo que el amor de Dios nos mantendrá seguros a pesar de todo. Esa seguridad es el comienzo de tener una vida flexible.

La *flexibilidad* es la capacidad que tiene el ser humano para adaptarse con facilidad a diversas circunstancias. Si pudiéramos ilustrarla sería semejante a una palmera, una planta dócil, pero fuerte, con un tronco o estípite tan alto que pareciera querer alcanzar el cielo y que, en momentos de tormenta, a pesar de los intensos vientos, se mueve de lado a lado, pero no se quiebra, sino que permanece adherido a la fuente.

La flexibilidad contrasta con la *rigidez*, que ilustrada sería como un roble que, a pesar de gozar de una estructura firme y fuerte, en los momentos de turbulencia muestra su incapacidad para ceder a sus propios límites. Así como lo hace el hombre necio que se aferra a lo que considera "correcto" sin permitirse cambiar o transformarse. No aguanta la tormenta con sus duros vientos, y al no ser flexible se rompe.

Trabajemos cada día en ser más flexibles y en aprender a adaptarnos a los cambios de la vida con humildad, aceptando que a veces las cosas se salen del cauce, pero que Dios proveerá la salida y tiene el control en cada circunstancia.

DESDE EL PRINCIPIO, LAS ESPECIES QUE SOBREVIVEN SON AQUELLAS QUE SE ADAPTAN A LOS CAMBIOS.

MEDITA

Ser flexibles nos ayudará a aceptar la voluntad de Dios en nuestras vidas.

¿Te consideras una persona flexible?

Sí ___ No ___

¿Por qué?

_____

_____

_____

EJERCITA TU MÚSCULO ESPIRITUAL

Durante esta semana acércate al menos a seis personas que te conozcan (pero sin predisponerlas) y hazles esta pregunta: Si pudieras comparar mi carácter con una palmera o un roble, ¿a cuál me parezco más?

1. _____

2. _____

3. _____

4. _____

5. _____

_____

6. _____

_____

De acuerdo con la mayoría de las respuestas, toma un tiempo para evaluar cómo te ven los demás y qué rasgos de tu carácter les ayudó a darte una respuesta en cualquiera de las dos opciones.

MANTENGAMOS EL VÍNCULO

Esfuércense por mantener la unidad del Espíritu mediante el
vínculo de la paz.
—Efesios 4:3

He defendido por años la importancia de los límites en todas las relaciones, sean laborales, matrimoniales, parentales... porque creo que los límites que ponemos a los demás marcan la directriz de las buenas prácticas entre los seres humanos. Pero hay algo importante que debemos considerar al momento de establecer esos límites: mantener el vínculo relacional.

Hace poco aprendí una gran lección en ese sentido. Una lección que me enseñó cómo la empatía no es excluyente a la hora de ser firmes. Durante varias semanas estuve queriendo imponer mi autoridad al lidiar con un asunto relacionado con mi hijo y su teléfono celular, cosa que terminaba en conflicto irremediablemente —quienes son o tienen hijos adolescentes saben a lo que me refiero.

Pero un domingo, mientras salíamos de la iglesia, escuché que mi esposo hablaba con él acerca del mismo tema (¡el bendito teléfono celular!). En esta ocasión se escuchaban con mucha atención y hasta podía ver cómo sonreían juntos cuando mi hijo le contaba acerca de las ideas creativas que desarrolla en su teléfono, y apasionado le platicaba sobre un video que quería hacer junto con sus amigos.

Después de una larga caminata hablando, y donde yo no pronuncié ni una palabra e intenté mantenerme a distancia, mi esposo llegó a la misma conclusión a la que yo había llegado en muchas ocasiones, pero con muchos conflictos de por medio. Escuché a mi esposo decir: "Creo que tienes el talento y la creatividad, y eso me encanta; aunque también creo que nuestro deber es protegerte, y no es momento de que lo hagas, pues es información muy violenta para tu edad. Además, creo que es importante regular los tiempos de uso de tu teléfono".

Eso fue un clarísimo ¡no! Pero en esta ocasión la actitud de mi hijo fue totalmente diferente, ya que, siendo confrontado, se notaba agradecido, convencido de que eso era lo mejor a pesar de que no le gustara; tanto que más tarde lo escuchamos repetir como si fueran suyas las mismas palabras que mi esposo le dijo mientras platicaba con sus amigos.

Qué importante fue para mi hijo sentirse escuchado y entendido, aun cuando la respuesta fue igual a la mía: "No". ¡Eso es mantener el vínculo! Las formas se suavizaron y el límite se mantuvo.

ESCUCHAR AL OTRO Y MOSTRAR EMPATÍA AYUDA A MANTENER EL VÍNCULO.
ESO ES UNA MANIFESTACIÓN DE AMOR.

MEDITA

¿Es molesto para ti cuando hablas con otra persona y esta muestra falta de atención, poca empatía o desinterés por aquello que le estás contando?

¿Qué actitudes crees que puedan ayudarte a mantener el vínculo con las personas?

EJERCITA TU MÚSCULO ESPIRITUAL

Esta semana te invito a detenerte a escuchar a alguien, sin interrumpir una sola vez, sin imponer tus opiniones. Es un gran entrenamiento para obtener una buena comunicación. Lee Santiago 1:19 y escribe tres grandes lecciones que aprendas.

1. _____

2. _____

3. _____

EL ARTE DE LA RESTAURACIÓN

Los afligidos y los necesitados buscan agua, pero no la
encuentran; la sed les ha resecado la lengua. Pero yo, el Señor,
les responderé; yo, el Dios de Israel, no los abandonaré.
Haré brotar ríos en las áridas cumbres, y manantiales entre los
valles. Transformaré el desierto en estanques de agua,
y el sequedal en manantiales. Plantaré en el desierto cedros,
acacias, mirtos y olivos; en áridas tierras plantaré cipreses,
junto con pinos y abetos, para que la gente vea y sepa,
y considere y entienda, que la mano del Señor ha hecho esto,
que el Santo de Israel lo ha creado.
—Isaías 41:17-20

Cuando los seres humanos enfrentamos momentos difíciles de prueba y decidimos tomar el camino de la conciencia para superarlos, entendemos que la mejor salida no está en la negación o evasión de dicho asunto, sino en su *restauración*: disponer nuestra mente, cuerpo y espíritu para sanar aquello que rompió fibras delicadas de nuestro corazón y entendimiento, y así estar listos para escribir capítulos nuevos equipados aun con más fortaleza y conciencia que antes.

Leí acerca de una técnica japonesa que muestra claramente el poder de la restauración. Te cuento un poco al respecto.

Kintsugi: Es el arte japonés de hacer fuerte y valioso aquello que está frágil.

En Japón, cuando un objeto de cerámica se rompe, los artesanos se ocupan en reparar estos artículos rotos enalteciendo la zona agrietada al rellenarla con barniz de resina mezclado con polvo de oro. Ellos creen que cuando un objeto que tiene una historia ha sufrido un daño, se vuelve más hermoso. Este proceso minucioso y delicado de reparación de la cerámica logra que esta no solo quede restaurada, sino que quede aun más fuerte y valiosa que la original.

La interesante práctica oriental del Kintsugi parte de sacar a la luz los defectos y grietas del objeto dañado en vez de tratar de ocultarlos, acentuándolos, y celebrar así su reconstrucción. Una vez tratada, esta parte dañada y restaurada se ha convertido en la más fuerte de la pieza. La técnica añade un alto nivel de complejidad estética a las piezas restauradas, haciendo que estas vasijas sean todavía más valoradas que aquellas que nunca han sufrido una rotura.

Veamos esto desde una perspectiva humana. ¡Qué importante y enriquecedor es restaurarse! Entender que las relaciones a veces lastiman y maltratan el corazón; que la vida nos marca muchas veces con dolor. Esto parece desesperanzador. Pero qué alivio es saber que podemos repararnos y tejernos nuevamente con los hilos dorados del amor de Dios, que esto nos vuelve más fuertes y la resiliencia que emana de allí nos hace más valiosos con el tiempo.

Solo quienes estamos vivos tenemos la oportunidad de restaurarnos, de cambiar y enmendar cada día la vida para que al día siguiente sea mejor, sabiendo que lo arreglado ahora tiene más valor que lo nuevo, y que lo roto y desechable ya no tiene cabida. Dijo Ernest Hemingway: "El mundo nos rompe a todos, y luego algunos se hacen más fuertes en las partes rotas".

RECORDEMOS QUE JESÚS ES EL ALFARERO Y NOSOTROS SOMOS SUS VASIJAS. DEJA AL MAESTRO REPARARTE.

MEDITA

¿Recuerdas alguna ocasión en la que te hayas sentido verdaderamente roto? Una traición, una humillación, un abandono, injusticias, una muerte cercana. ¿Has tomado tiempo para tu restauración o simplemente mantienes ocultas aquellas grietas?

EJERCITA TU MÚSCULO ESPIRITUAL

A continuación, te muestro siete pasos confiables en lo espiritual y en lo psicológico para ser restaurados y salir fortalecidos. Lee y estudia detenidamente uno cada día de la semana.

LUNES

Reconoce que estás herido. Salmos 109:22

MARTES

Desahógate, date permiso para llorar; sacar la frustración y el enojo. Salmos 142

MIÉRCOLES

Decide perdonar, aunque no esté en tus emociones. Lucas 6:37

JUEVES

Perdónate. 1 Juan 1:9

VIERNES

Escribe una lista de los miedos a futuro que te está ocasionando ese dolor. Salmos 32:8

SÁBADO

La aceptación (no tenemos el control) Salmos 143:10

DOMINGO

Disfruta de la libertad emocional. Salmos 147:3

"MANITA DE PUERCO"

No se engañen: Dios no puede ser burlado.
Cada uno cosecha lo que siembra.
—Gálatas 6:7

Es común ver cómo algunas personas hablamos de nuestra fe a otros más que por un asunto de verdadera devoción, por algo así como querer "hacerle manita de puerco" a Dios.

Es decir, cuando queremos que Dios sane una enfermedad propia o de un ser querido, que intervenga en un asunto crucial o bendiga una nación en desgracia, vamos entre los amigos diciendo: *"Creo que Dios va a hacer un milagro, pray for ..."*, y aun lo publicamos en nuestras redes sociales. Me he descubierto algunas veces haciendo esto, y debo confesar que en ocasiones lo hago buscando un sincero apoyo emocional y espiritual, pero otras veces lo he hecho esperando "comprometer a Dios" para que haga lo que ya me encargué de decir a otros que Él haría.

"Sin duda, Dios, sería muy vergonzoso que no hicieras el milagro, tú debes manifestar tu poder ante todos estos testigos que te he puesto", decimos a Dios entre dientes "poniéndolo bajo presión". En palabras coloquiales, muy mexicanas, esto se conoce como "hacer manita de puerco", en este caso a Dios —como si acaso se pudiera.

Pero una proclamación pública de fe con esta intención en el corazón no nace de una confianza legítima en Dios. ¡No me malentiendas! No hay nada de malo en confesar la gran esperanza y fe que tenemos en Él y aun dejar que la gente se sume a nuestra confianza, porque además sabemos que *"la oración del justo puede mucho"* (Santiago 5:16). Pero debemos cuidarnos siempre de ser movidos por una certeza bíblica y espiritual que busque cambiar el rumbo de las circunstancias con nuestra oración y no por la inercia de una moda.

El verdadero reto estará en convencernos a nosotros mismos de que Dios nos ama, de que es poderoso, que su Palabra es verdad; y que si somos sanados de algo o si recibimos lo que esperamos, depende en tiempo y forma de su voluntad activada por la oración.

Sabemos que los milagros son el instrumento de Dios para extender su nombre y dejar huella, al igual que cuando tocas algo y tus huellas dactilares se marcan en la superficie. Así, de esa misma manera, las huellas de Dios marcarán más vidas a través de milagros cimentados en la fe y no en el miedo.

Vivamos experimentando y compartiendo una fe fructífera, no una egoísta que se alimente de motivaciones incorrectas. Invoquemos a Dios para que se mueva en la vida de otros que no lo conocen para que su nombre se multiplique. Quitemos el foco de nosotros y nuestros miedos, e imitemos a la naturaleza en donde nada vive para sí mismo sino para servir y glorificar a Dios. Así como lo hemos escuchado, los ríos no beben su propia agua, los árboles no comen su propio fruto, el sol no brilla para iluminarse solo, el aire no guarda su soplo para sí, y aun las flores son conscientes de que su hermosura y fragancia son para alegrar nuestra existencia.

VIVIR PARA DEJAR HUELLAS DE AMOR Y PODER EN LOS DEMÁS ES LA VOZ DE UNA NATURALEZA.

MEDITA

Recuerda que una sana motivación interna al orar o pedir oración hará de cada plegaria un terreno fértil para ver milagros.

Piensa en todas esas veces en las que te han pedido que ores por un milagro. ¿Realmente has tomado unos minutos de tu tiempo para hacerlo? ¿De cuántos milagros crees que hubieras sido testigo si realmente hubieras activado el poder Dios con tu oración?

EJERCITA TU MÚSCULO ESPIRITUAL

Escribe cada día de esta semana un milagro por el que quieres orar o te han pedido que lo hagas. Pon tu fe en el lugar correcto de su amor, y regresa a este capítulo del libro cuando pase el tiempo y puedas escribir cuál fue el desenlace de los milagros que pediste a Dios.

LUNES

_____

_____

MARTES

_____

_____

MIÉRCOLES

_____

_____

JUEVES

_____

_____

VIERNES

_____

_____

SÁBADO

_____

_____

DOMINGO

_____

_____

LÍMITES

Tú pusiste límites a la tierra; creaste el verano y el invierno.
—Salmos 74:17

La idea de *límites* se origina en la propia naturaleza de Dios. Él se define a sí mismo como quiere que lo conozcamos: un ser independiente y único, que asume la responsabilidad de expresarnos con claridad la forma en cómo siente, ama, permite, prohíbe, piensa y planifica, para que podamos ver aquello que le agrada y lo que no le agrada.

Las nuevas tendencias en las empresas son los espacios abiertos de trabajo, lugares que dejan atrás la "privacidad" de las oficinas personales para convertirse en salones abiertos de interacción; y aunque optimizan costos y permiten una mejor comunicación, restan comodidad e interrumpen el espacio creativo del trabajador. Del mismo modo, tanto en el mundo físico como en el emocional, todos necesitamos nuestro "propio espacio"; poner límites a nuestro alrededor para disfrutar de una verdadera libertad personal y tener una zona segura en donde se reduzca el peligro de ser lastimado y lastimar.

En la vida, es necesario trazar nuestros propios márgenes y darlos a conocer a otros con claridad. Así, los demás sabrán hasta dónde les es permitido llegar con respecto a nosotros, lo que hará que seamos personas fácilmente leíbles y transparentes.

Una parte importante que avala nuestros límites será el aprender a decir "Sí" y "No". Es una de las tareas más complicadas que tenemos los hombres y mujeres, pues en el afán por agradar a los demás, constantemente entramos en un círculo vicioso relacional que nunca acaba, desgasta y roba la paz.

Trabajemos juntos en rescatar uno de los valores más importantes y necesarios en la humanidad: el valor del respeto. Honrar los límites de unos y de otros, por diferentes o absurdos que parezcan, es un derecho inalienable del ser humano.

AL PONER LÍMITES DEMUESTRAS QUE TE AMAS, TE RESPETAS, Y QUIERES VIVIR FELIZ.

MEDITA

¿Sabes establecer límites personales, familiares, laborales, físicos y emocionales con claridad?

¿Te sientes invadido por otros de alguna manera?

¿Conoces a alguien cercano que haya sabido poner límites inteligentemente?

¿Qué ventajas ves en su vida por saber marcarlos?

EJERCITA TU MÚSCULO ESPIRITUAL

Comienza hoy a poner límites en áreas específicas de tu vida. Una vez que los definas, comprométete a respetarlos. Recuerda que será parte de un proceso en donde cambiarás hábitos. ¡Persevera!

Límites

En tu cuerpo:

En la escuela:

En el trabajo:

Con un amigo(a):

_____

_____

Con tu pareja:

_____

_____

En las redes sociales y el Internet:

_____

_____

En tu vida social:

_____

_____

En el área espiritual o en la iglesia:

_____

_____

Otros:

_____

_____

CAFÉ AMERICANO

Conozco tus obras; sé que no eres ni frío ni caliente. ¡Ojalá fueras lo uno o lo otro! Por tanto, como no eres ni frío ni caliente, sino tibio, estoy por vomitarte de mi boca.
—Apocalipsis 3:15-16

¿Cómo prefieres tomar un café americano?

Frío

Caliente

Tibio

Si pudieras comparar tu vida espiritual con la temperatura de tu café americano, ¿cómo estaría tu relación con Dios en este momento: fría, tibia o caliente?

Para muchas personas hablar de una "vida espiritual" significa cualquier cosa que tenga que ver con asuntos enigmáticos, esotéricos o de relajación. Pero, sin duda, el espíritu es una parte primordial de nuestro ser y no se sacia con respiraciones, teorías humanas, ayunos o posturas especiales de meditación. Dios puso en nosotros su aliento de vida, nos proveyó un espíritu que solo encuentra llenura en el Espíritu de Dios mismo, quien busca penetrar nuestra vida y voluntad.

De modo que cuando estamos *fríos* espiritualmente, es decir, sin la intervención del espíritu de Dios, nos volvemos apáticos al crecimiento personal y permitimos que ganen terreno los deseos externos y carnales, que por muy placenteros que parezcan son el principio de muchos males. A la frialdad le cuesta amar y pensar en otros, es impenetrable y mezquina, no produce frutos duraderos, ya que hiela sus propias semillas. Nada más desagradable que una taza de café frío.

La *tibieza* en la vida nos mantiene en un terreno más cómodo, pero inestable, que calla la conciencia con limosnas, pero no llena ninguna necesidad. Alimentamos el espíritu con todo aquello que parezca sano, pero sin ahondar en ninguna enseñanza, procurando estar felices en todas partes sin cosechar algún fruto que trascienda, pues la raíz de la tibieza no tiene profundidad.

Una vida espiritual *caliente* es semejante al café de la mañana. Te mantiene bien y despierto, alerta y con la suave sensación del aroma del éxito verdadero, que es el amor y la paz. Tiene el fuego de la pasión en su interior, inspira, emana tranquilidad y te sacia sin temor al fracaso, porque su taza se llena constantemente con los granos de la cosecha del mejor Sembrador, quien suple todas las necesidades de nuestro espíritu, cuerpo y corazón.

TENER LA LIBERTAD PARA ELEGIR LA MEJOR TEMPERATURA DE TU CAFÉ, PERO TOMAR EL MÁS DESAGRADABLE DE ELLOS, SIEMPRE SERÁ UNA MALA ELECCIÓN.

MEDITA

Ser consciente de nuestras necesidades no mejorará las cosas; pero usar esa conciencia para encaminar nuestras vidas hará que nuestro espíritu bulla y nuestra carne se mantenga justo en la temperatura correcta. Usa hoy tu libre albedrío para decidir por una vida que no se mantenga fría con los aires del orgullo, que no se entibie con las brisas de la duda, sino que arda con el fuego de la Palabra de Dios. ¿Cómo quieres tomar tu "café" hoy?

EJERCITA TU MÚSCULO ESPIRITUAL

Ve a tu cocina y prepárate la bebida caliente que más te guste; y mientras te la tomas, escribe por lo menos tres circunstancias personales, familiares o laborales en las cuales te quedaste en el punto medio o indeciso de la tibieza y finalmente fracasaste.

Lee Apocalipsis 3:15-21 y escribe en una frase aquello que Dios específicamente te habló.

_____

_____

_____

PREVENCIÓN O EMERGENCIA (LO URGENTE Y LO IMPORTANTE)

Asegúrate de saber cómo están tus rebaños;
cuida mucho de tus ovejas.
—Proverbios 27:23

Toda persona que tiene a su cargo la responsabilidad de otro, llámese padre, maestro, líder o jefe, ocupa gran parte de su tiempo atendiendo todo aquello que surge alrededor de la vida de dicho "rebaño". Ya sea en la casa o en el trabajo, la vida moderna nos rebasa y nos obliga a atender las cosas urgentes que conducen al caos y que convierten nuestro día a día en algo así como un "vivir tapando hoyos".

Es esta "tiranía de lo urgente" lo que hace que normalmente nos olvidemos de aquellas cosas que son verdaderamente importantes, esos diagnósticos emocionales preventivos que pudieran dejar ver el comienzo de una grave enfermedad silenciosa.

Por lo general, es el abandono emocional el ambiente propicio donde se entretejen las "enfermedades ocultas" que por años han desahuciado las relaciones interpersonales. Enfermedades regularmente asintomáticas que se originan en el interior de cada persona, y que al no ser debidamente atendidas por causa del desconocimiento se convierten en problemas graves y profundos.

Padres y líderes, prestemos atención a lo urgente sin descuidar lo importante.

Atendamos las alertas de distanciamiento emocional, cuidando con diligencia "nuestro rebaño". Realicemos "un análisis clínico minucioso" que nos revele los niveles emocionales anormales de ese adolescente que no expresa nada; el vacío de la pareja que demanda atención o que ya se aisló emocionalmente; el faltante de una hija con desórdenes alimentarios; los miedos de ese pequeño que no quiere ir a la escuela o que moja la cama; la razón de un empleado desanimado; el problema de un hermano en angustia; el dolor de la amiga que llora constantemente, los enojos frecuentes; los cambios radicales y repentinos; la ausencia de risas y esa continua comunicación disfuncional. ¡Detengámonos y abramos los ojos! Y de ser necesario busquemos ayuda profesional.

Recordemos que dejar pasar de largo el tiempo sin conocer el estado emocional de los nuestros, puede ser un terreno fértil para que crezca una grave enfermedad que afecte el alma, el espíritu y el cuerpo.

NO SIEMPRE LO URGENTE ES LO MÁS IMPORTANTE.

MEDITA

¿Has estado tan ocupado con asuntos del día a día que has descuidado la vida misma?

¿Hace cuánto no te buscan quienes viven contigo para contarte un problema personal que estén afrontando?

EJERCITA TU MÚSCULO ESPIRITUAL

Escribe el nombre de personas con las que convives al menos una vez por semana. Luego, frente a su nombre escribe algún "síntoma" o actitud anormal que hayas notado. Esta semana podría ser un buen momento para hacer una cita especial donde tus oídos y apoyo eviten emergencias.

REINVENTAR EL AMOR

El amor es paciente, es bondadoso. El amor no es envidioso ni jactancioso ni orgulloso. No se comporta con rudeza, no es egoísta, no se enoja fácilmente, no guarda rencor. El amor no se deleita en la maldad, sino que se regocija con la verdad. Todo lo disculpa, todo lo cree, todo lo espera, todo lo soporta.
—Corintios 13:4-7

Un día te das cuenta de que encontraste a tu "media naranja", y entonces emprendes la vida en pareja. Allí los días parecieran no poder ser mejores; intercambian miradas que reflejan a dos almas enamoradas; disfrutan largas pláticas sobre la vida; comparten gustos con tal fluidez que se crean pactos sin palabras; dejan pasar los errores como postes en la carretera y aun en temas irreconciliables para otros, los dos logran fáciles acuerdos.

El amor es esa afinidad y virtud entre los seres humanos que refleja sentimientos de afecto y apego. El amor existe en diferentes intensidades: entre padres e hijos, aquel que genera la hermandad, el que nace entre amigos. Pero es el llamado "Amor de pareja" el único que, al no depender de un lazo sanguíneo, sino de una decisión personal, sobrevive a la convivencia y crea el valioso núcleo de la sociedad que es *la familia.*

Esta semana quiero reflexionar de una manera rápida acerca de aquellos tropiezos comunes en el amor, esos que tenemos gran parte de las parejas cuando crecemos como familia.

Cuando el tiempo pasa y los hijos llegan, aun con toda la ternura y emoción que esto trae consigo, las relaciones de pareja parecen enfrentarse a una carrera "cuesta arriba". Es una etapa diferente donde en medio de la hermosura del momento, somos sorprendidos por la demanda constante del nuevo integrante, sumado a las pocas horas de sueño, el aumento del estrés económico, la disminución en la frecuencia de la intimidad, escasas conversaciones que giran en torno a los hijos, y como si fuera poco, se les permite a las respectivas familias inmiscuirse en las decisiones del nuevo hogar; lo que pone finalmente a la pareja en "modo histeria", desde donde observan con lupa hasta los más mínimos defectos del otro. Esto ensombrece el vínculo y hace mucho más difícil transitar por el camino de la cotidianidad. Es aquí cuando ha llegado la hora de *reinventarse* para no morir.

Años de consejería familiar me han enseñado que sea cual fuere la herida familiar, no se supera de otra manera más que echando mano del amor, el que proviene de Dios, ese que es verdadero, que "todo lo disculpa, todo lo cree, todo lo espera, todo lo soporta", aquel que nos sana y hace nuevas todas las cosas. Por eso, te invito a que esta semana busques un momento de reflexión personal, involucra al Espíritu antes de que tu carne actúe por emociones; calendariza citas de restauración con tu pareja y establece nuevos acuerdos que propicien formas inéditas de amarse y disfrutarse.

HAY UN TIEMPO PARA DEJAR QUE SUCEDAN LAS COSAS, Y UNO PARA HACER QUE COSAS GRANDES SUCEDAN.

MEDITA

A veces pensamos que mejorar una relación de pareja siempre necesita una "intervención profunda", pero en la mayoría de los casos ocurre haciendo ajustes periódicos en los niveles de conciencia.

En repetidas ocasiones, estoy segura de esto, has escuchado en las bodas las palabras sobre el amor que vienen en la Primera carta a los Corintios. Esta semana lee el capítulo 13 completo de dicha carta y reflexiona sobre aquello que enseña Dios acerca del verdadero amor.

EJERCITA TU MÚSCULO ESPIRITUAL

Tal vez no estás pasando por un momento complicado de pareja, no tienes hijos o aún no tienes planes de establecer una relación formal, pero es sabio quien aprende y planea a partir de la enseñanza ajena. O quizá ¡sí!, tu relación está agonizando y necesitas hacer que las cosas sucedan. Haz una lista de esos síntomas del fracaso que estás viendo en tu relación o que has visto en parejas cercanas; escribe frente a cada síntoma aquello que Dios en la carta de Corintios nos sugiere hacer.

Síntoma del fracaso

Lo que Dios sugiere que haga

¿QUÉ TAN CONSTANTES SOMOS?

El hombre de doble ánimo es inconstante en todos sus caminos.
—Santiago 1:8, RVR 1960

¿Te has descubierto empezando proyectos, sin perseverar en alguno de ellos?

Si tu respuesta es *sí*, seguro entenderás aquello a lo que se refiere Santiago 1:8.

¿Qué es el "doble ánimo"?

Entiendo el concepto de doble ánimo como un estado físico y mental donde coexisten dos emociones contradictorias. Quien lo padece comúnmente transita entre la exaltación emocional que generan los comienzos, y el desánimo y pérdida de interés que le provocan los tropiezos, ya que desiste con facilidad cuando las cosas se ponen difíciles.

La Biblia compara al hombre de doble ánimo con una ola del mar que es llevada de un lugar a otro sin poner resistencia ni dirigir su propio camino, no siendo dueña de su propio curso. Así son las mujeres y los hombres de doble ánimo: incapaces de sostener sus propias decisiones, pues son llevados a merced de las circunstancias y no por la fuerza de su propia determinación.

Por ejemplo, una persona de doble ánimo amanece pensando como un ganador; pero se duerme creyendo que ya ha perdido. Un día tiene fe, y al otro día duda aun de las realidades más tangibles; además de que distorsiona muchas veces la realidad para justificar su inconstancia. La ambigüedad controla toda su vida.

¿Te sientes identificado con esto?

A continuación, te mostraré algunos conceptos que en mi experiencia me han ayudado a derrotar a este enemigo silencioso que es el "doble ánimo".

1. *Enfócate.* Sigue la brújula que señala una dirección cercana entre tu talento y tu pasión, y a eso dedícate.

2. *Sé firme.* Tomar decisiones no te exime de equivocaciones. Pero cuando marques el camino, se te hará más fácil corregir la dirección hacia la ruta correcta.

3. *Involucra tu fe.* Está comprobado que existen efectos positivos reales en el cerebro de las personas que creen y sobre quienes se ha practicado la oración. Este fenómeno fue estudiado en 1980 por el físico y cardiólogo Randolph Byrd del Hospital General de San Francisco, en Estados Unidos.

4. *Esfuérzate.* Siempre caminar esa última milla puede llevarte a ver el final esperado. Ponte metas a corto plazo con fechas establecidas y objetivos concretos. No olvides que quien siembra expectativas cosecha frustraciones; pero el que siembra en terrenos fértiles siempre recoge abundantes frutos.

SI LA CONSTANTE DEL ÉXITO ES LA PERSEVERANCIA, EL "DOBLE ÁNIMO" ES EL COMÚN DENOMINADOR DEL FRACASO.

MEDITA

Pasar por *pruebas* en la vida no nos indica que debemos abandonar o cambiar nuestro camino. En su mayoría son *estas* las que detonan grandes virtudes que conducen al éxito.

Lee en tu Biblia Santiago 1:2-8 y encuentra cinco de esas grandes virtudes que se producen cuando enfrentamos las pruebas.

EJERCITA TU MÚSCULO ESPIRITUAL

Escribe tres proyectos que en algún momento de tu vida hayas emprendido, que dejaste en pausa y finalmente abandonaste. Incluye en tu relato las razones que te llevaron a iniciarlos, así como aquellas que te hicieron desistir. Al finalizar, léelos y subraya aquellos patrones de fracaso y justificación que se repiten en los tres.

Proyectos

1. _____

2. _____

3. _____

Razones iniciales

1. _____

2. _____

3. _____

Motivos para desistir

1. _____

2. _____

3. _____

PROPÓSITOS

Donde no hay visión, el pueblo se extravía;
¡dichosos los que son obedientes a la ley!
—Proverbios 29:18

Seguramente el ejercicio más importante que como personas podemos hacer para dar dirección y significado a nuestras vidas es encontrar un propósito. En realidad, la vida misma es parte de uno.

Hay una época común entre nosotros en la que acostumbramos a hacer nuevos propósitos: la celebración del Año Nuevo. Una temporada de cierre y apertura de ciclos, durante la cual nos disponemos mental y anímicamente para abrir un espectro de nuevas oportunidades; una agenda completamente en blanco de 365 días donde podemos reescribir una historia de vida mejor.

Pero a veces el afán por el cambio y la aventura solo convierten al Fin de Año en un ajetreado desfile de amuletos sobre los que cada uno pone su fe, y considera que así verá cumplidos sus propósitos. Ropa interior amarilla "para atraer la buena energía"; barrer la casa "para sacar del hogar las malas vibras"; correr con las maletas un par de cuadras "para un año lleno de viajes"; o las tradicionales 12 uvas "que auguran 12 meses de buena suerte", entre otros. Sea que participemos de ellos por creencia, por costumbre o por diversión, lo que muchas veces sí olvidamos a la hora de planear el nuevo año es involucrar a Dios, una gran incoherencia que convierte al ser humano en la única especie que le confiere más poder a la creación, que al Creador.

Desde hace algunos años he tomado por costumbre separar en los primeros días de enero un tiempo especial para hablar con Dios, contarle con agradecimiento mis alegrías, hablarle de mis frustraciones, enojarme o llorar si es necesario, y después permanecer en silencio recibiendo su paz, poder, sanidad, autoridad y su gran amor. Luego, con la mente y el espíritu reposados y en orden, estoy verdaderamente dispuesta a reflexionar; corroborando cada uno de mis planes para cimentar solo aquellos que en realidad estén en sincronía divina, desechando todo lo que no me ha dejado avanzar y recibiendo aquello que necesito de parte de Él. Finalmente, tener una confirmación bíblica para cada propósito es mi mejor manera de empezar el Año Nuevo con visión, como nos exhorta el libro de Proverbios al decirnos que "donde no hay visión, el pueblo se extravía".

No es necesario esperar una fecha específica para empezar de nuevo. Recuerda que cada mañana la misericordia de Dios se renueva, así que hoy, esta semana, el año que empieza, si quieres, tienes esa nueva oportunidad.

PREGÚNTATE SI AQUELLO QUE ESTÁS HACIENDO HOY TE CONDUCE A ESE LUGAR DONDE QUIERES ESTAR MAÑANA.

MEDITA

Un propósito es la intención o el ánimo firme de hacer algo o dejar de hacerlo. Piensa en al menos los últimos dos años y recuerda eso que te has propuesto al comienzo de cada ciclo. ¿Has logrado cumplir las cosas que te propones? ¿Cuáles han sido los más grandes propulsores o los impedimentos para cumplir tus propósitos? En lo espiritual, ¿cómo das comienzo a un año nuevo?

EJERCITA TU MÚSCULO ESPIRITUAL

Te animo a que dispongas un momento hoy o durante la semana para tomar un tiempo con Dios y hacer una lista de propósitos para tu vida. Pide a Dios que te dé una palabra específica que respalde cada uno de ellos y verás lo maravilloso que es ver cómo Dios habla de una manera tan directa y específica.

Ahora, escoge tres propósitos claros que quieras cumplir este año y describe al menos tres estrategias que desarrollarás para alcanzarlos.

Propósitos   **Estrategias**

1. _____   _____

2. _____   _____

3. _____   _____

LA HISTORIA LA CUENTAS TÚ

Toda la creación espera con impaciencia el momento en que
se manifieste claramente que SOMOS hijos de Dios.
—Romanos 8:19

Hemos llegado al final de este viaje juntos y puedo asegurar que a estas alturas no solo has experimentado sanidad, sino también has encontrado identidad y descubierto cómo el amor y la aceptación de un PADRE puede revelarte lo PODEROSO que ERES cuando pierdes el miedo a encontrarte.

Esta fue mi herramienta de cambio. La historia la cuentas tú...

MEDITA

Ahora, lo último que me gustaría preguntarte es: ¿Qué vas a hacer diferente para cambiar y mejorar tu calidad de vida? ¿Qué vas a hacer mejor para relacionarte asertivamente con otros? ¿Qué puedes hacer para restaurar el mundo en el que vives?

EJERCITA TU MÚSCULO ESPIRITUAL

¡Toma decisiones valientes! Atrévete a pulir y hacer brillar tus virtudes, abandona eso que sabes que te estorba para continuar fortaleciendo tu vida interior.

Escoge 5 enseñanzas puntuales con las que te quedas de este libro, y escribe por lo menos 3 cambios esenciales que harás para mejorar tu vida.

Me quedo con

1. _____

2. _____

3. _____

4. _____

5. _____

Cambios de vida

1. _____

2. _____

3. _____

Te animo a que este fin de año, en el último día del año en curso en el que leas estas páginas... saques este libro del cajón... leas solamente esta página y... quémala o rómpela si ya has cumplido con esos cambios que te propusiste hacer. De lo contrario, inténtalo una vez más. Nunca es tarde para empezar de nuevo.

Gracias por compartir conmigo parte de tu vida y perder *EL MIEDO A ENCONTRARTE*.

Carolina Carvajal

ACERCA DE LA AUTORA

Carolina Carvajal nació en Ibagué, "La Ciudad Musical de Colombia". Comenzó sus estudios universitarios en la Pontificia Universidad Javeriana, tiempo en el cual fue seleccionada por una de las principales televisoras de México para viajar y formar parte de un grupo especial de extranjeros que estudiarían y conformarían el elenco principal de varias de sus producciones.

Su formación actoral tuvo sus comienzos en el *Taller de Actuación Alfonso Ortiz* (Colombia), seguido por la carrera de Actuación en el Centro de Formación Actoral (CEFAC) en México, estudios que complementó con talleres de especialización y perfeccionamiento actoral, entre los que destacan el cursado en el *Centro de Formación Artística y Actoral «El Set»*, del histrión Luis Felipe Tovar y con el maestro José Caballero.

Carolina ha participado en al menos 20 telenovelas, series y producciones teatrales en Colombia, México y España, y en más de 300 campañas publicitarias a nivel mundial.

Su formación no se limita a su faceta profesional como modelo y actriz, pues habiendo mostrado desde muy corta edad un enorme interés por los temas relacionados con la vida espiritual, la sanidad interior y el enriquecimiento del espíritu, respaldó dicha inquietud con el estudio bíblico y la Escuela de Liderazgo Con Valor en la asociación Casa Sobre la Roca.

Su espíritu y talento artísticos son los valiosos ingredientes por los que hoy Carolina también es parte de producciones televisivas con valor ético y espiritual, que contribuyen a la restauración familiar alrededor de Latinoamérica y España, con programas como *Decisión de Vida, Vivencias, Tarde, pero sin sueño*, entre otros. En otra faceta, ha escrito artículos de crecimiento personal para revistas y páginas de Internet enfocadas a mujeres con propósito, que aportan a sus lectoras reflexiones prácticas para la vida.

Ha sido líder por más de 16 años de grupos de adolescentes, jóvenes y mujeres solas. Carolina inspira a las personas a vivir mejor, a conectarse con Dios y a convertirse en seres que influyan para bien en la vida de sus familias y en la sociedad.

Uno de los capítulos más importantes de su vida ha sido precisamente su debut como escritora, siendo el medio a través del cual Carolina Carvajal quiere inspirar al mundo con un significado diferente de lo que es el "éxito". Una vida exitosa es en realidad aquella que sana su alma, que camina con el Espíritu de Dios, una mente renovada en todo lo que hace, y saber que todo forma parte de un propósito especial que cada persona tiene.